Kurt Tepperwein

Aufbruch ins Jetzt

Das Leben geht weiter, auch nach 2012

Kurt Tepperwein

Aufbruch ins Jetzt

Das Leben geht weiter,
auch nach 2012

*Ein Resümee
vom Zeitenwandel*

Ersterscheinung 2011 in der GoldenWay-Reihe

3. Auflage
2018 © by IAW Anstalt, Vaduz

www.iadw.com

ISBN: 978-3-7481-6526-2

Die Deutsche Nationalbibliothek verzeichnet diese Publikation
in der Deutschen Nationalbibliografie; detaillierte bibliografische Daten
sind im Internet über www.dnb.de abrufbar.

Umschlaggestaltung: www.layART.li
Umschlagmotiv: ©fotolia.com/Composer

Herstellung und Verlag: BoD – Books on Demand, Norderstedt
Made in Germany

Internationale Akademie der Wissenschaften (IAW) Anstalt, FL-9490 Vaduz
Tel. +423/233 12 12, Fax +423/233 12 14

INHALTSVERZEICHNIS

DIE ZEITENWENDE, DIE DIE WELT VERÄNDERT

Wir alle können es gerade erleben, dass die Welt, so wie wir sie kennen, sich aufzulösen beginnt. Und dabei verändert sich alles. Der Wandel ist in erster Linie ein Wandel im Bewusstsein. Alles was auf der materiellen Ebene passiert ist dann nur eine Begleiterscheinung, doch wir stecken da mitten drin und sind davon betroffen. **Jeder Einzelne wird es zu spüren bekommen, denn jeder Einzelne trägt ja auch den Plan in sich, zu sich zu erwachen.** Je bewusster wir sind, umso besser werden wir mit den neuen Herausforderungen und Situationen auch umgehen können. Wir erleben gerade eine wirtschaftliche Veränderung, die wir als eine Weltwirtschaftskrise bezeichnen. Begonnen hat dieses so genannte „Chaos", mit der Immobilienkrise in den USA, die zu einer Bankenkrise geführt hat. Etwa 200 Banken sind bisher in den Bankrott gegangen, darunter auch die alten Traditions-häuser, die „eigentlich" bis in die Ewigkeit zu funktionie-ren schienen. Nun wurden wir eines Besseren belehrt. Diese Bankenpleite führte wiederum zu einer Umsatzkrise, weil der überschuldete Verbraucher nicht wie gehabt konsumie-ren konnte. Das brachte wiederum den Handel in Schwierig-keiten und hat ihn in drastisch gestiegene Insolvenzen ge-bracht. Das wiederum lässt gerade die Gewerbeimmobilien kollabieren, die sich nur rentieren können, wenn der Umsatz weiterhin gegeben ist, was aber nicht möglich ist. Nun, das Ganze zieht sich von einem zum anderen und schlussendlich wird es letztlich jeden Einzelnen betreffen, der durch den Verlust seiner Arbeitsstelle seine Hypotheken nicht mehr bezahlen kann. Die Folgen sind eine Zwangsversteigerung und damit der Verlust seines Zuhauses. Fallende Immobili-enpreise erzeugen erneute Bankprobleme und das „Bergab" der Dinge kann nicht mehr verhindert werden.

Auch die Versicherungen sind davon betroffen, besonders die Lebensversicherungen, denn sie haben die Gelder ihrer Kunden vorwiegend in Aktien angelegt. Wenn sich die Ak-tienkurse halbieren, verfügen sie über dementsprechend we-niger Geld und werden die fälligen Auszahlungen nur zum Teil vornehmen können.
Was nutzt hier eine vertragliche Vereinbarung, wenn nichts mehr da ist, das ausbezahlt werden kann. Dieser Kreislauf verändert die Lebensplanung vieler Menschen drastisch, die vorgesorgt haben. Wenn sie im Alter nicht die erwarteten Einnahmen bekommen, dann ist die Altersarmut vorpro-grammiert.

Aber es betrifft natürlich auch die Staaten. Ihre Zahlungsunfähigkeit zwingt sie dazu, im Staatsdienst Beschäftigte zu entlassen und auch die Renten und die Arbeitslosenunterstützungen werden nicht mehr den bisherigen Umfang leisten können.

Somit werden die Menschen dazu gezwungen, für sich selbst zu sorgen. Wir aber haben die Fähigkeit verlernt, dies zu bewerkstelligen, weil wir bisher ja daran gewohnt waren, im Notfall auch ohne eigene Leistung versorgt zu werden. Was wird passieren? Staaten werden auseinander fallen und sich zu neuen Gemeinschaften zusammenschließen. Das kann natürlich auch in der Bundesrepublik passieren oder in der Schweiz, wo Regierungen abgelöst, Parteien aufgelöst werden und ganz neue entstehen können. Automatisch wird dadurch wieder eine Besinnung auf nationale Interessen erfolgen und das wird sehr plötzlich kommen, sodass kaum Zeit bleibt, sich darauf vorzubereiten.

Das schwächste Glied wird zuerst fallen, aber gleich mehrere andere mit umreißen. So wie 1989 beim Fall des kommunistischen Regimes, wo zuerst das Regime in Polen und Ungarn fiel, dann die DDR und letztlich die UDSSR als Staatenbund. Kaum jemand hat es kommen sehen und plötzlich überstürzten sich die Ereignisse. Doch eigentlich kommt es nicht plötzlich. Es gibt ja genug Vorzeichen, dass sich etwas verändert und dass es so nicht bleiben kann. Doch was genau passiert, ist weder absehbar noch planbar. Es wird auf alle Fälle einen Regimewechsel, verbunden mit Teilung des Staatsgebietes geben, oder sogar die Auflösung des Staates, wie es bei der DDR der Fall war. Tabus werden fallen und neue geschaffen. Es ist ein Umbruch, der die ganze Welt erfassen wird. Viele Staaten werden einen Rechtsdruck erleben. Vielleicht entstehen sogar wieder Diktaturen. Es ist nicht absehbar, welche Wirkungen sich herauskristallisieren werden. Niemand kann so weiter machen wie bisher, denn die Welt, so wie wir sie kennen, wird es dann nicht mehr geben. Und das passiert nicht irgendwann, sondern es liegt unmittelbar vor uns. Wahrscheinlich wird auch die EU in der bisherigen Form nicht bestehen bleiben können. Anarchie und Bürgerkrieg werden hier und da aufkommen können. Sobald die Staatsanleihen abverkauft werden, ist dafür der Startschuss gefallen. Von da an wird alles ganz schnell gehen.

Die Menschen werden das bisherige Geld nicht mehr akzeptieren, weil es immer wertloser wird und eine im Wert gedeckte Währung verlangen. Vielleicht eine teilweise Gold- oder Silberdeckung, weil sich das seit Jahrtausenden als Wertaufbewahrungs- und Tauschmittel bewährt hat. Bis dahin wird der Tauschhandel wieder eine wichtige Rolle spielen, weil die Menschen ihre Werte nicht mehr für Papier hergeben werden. Die Staaten werden dazu gezwungen, zu DRASTISCHEN Sparmaßnahmen zu greifen. Eine umfassende Transformation der ganzen Welt wird sich in atemberaubender Geschwindigkeit vollziehen und viele werden unfähig sein, sich dem schnellen Wechsel anzupassen und werden scheitern. Jeder wird also dazu gezwungen, für sein Leben wieder Verantwortung zu übernehmen. Familie wird wieder ein große Rolle spielen, sowie das Miteinander und alle zwischenmenschlichen Beziehungen.

Man könnte sagen, es sind die Geburtswehen einer neuen Welt. Doch bevor die entstehen KANN, MUSS die alte Welt sich auflösen. Aber wie wird diese neue Welt aussehen? NUN, das hängt davon ab, wie wir uns kollektiv verhalten. Innerhalb dieser sich auflösenden alten Welt und der entstehenden neuen Welt, erschafft sich JEDER SEINE WELT selbst. Jeder erschafft sich seine eigene Konjunktur, als Teil seines persönlichen Schicksals, für das er ganz allein verantwortlich ist. So trifft es den einen besonders hart, während der andere kaum, oder sogar gar nicht davon betroffen sein wird. Weitere wiederum werden davon profitieren.

Hier ist jeder dazu aufgefordert, seine Welt ganz bewusst zu erschaffen und zu gestalten

Wir haben diese Veränderungen gemeinsam NOT-wendig gemacht und JEDER ist aufgerufen, ganz bewusst damit umzugehen. Es ist also gar nicht mal so wichtig, was geschieht, sondern mehr, wie wir damit umgehen werden.

Wie wir damit umgehen und was wir daraus machen, das entscheidet jeder in jedem Augenblick neu. Es ist immer unsere Chance zum Besseren! Obwohl die Wirkungen im Außen schon gravierend genug sind, werden die Veränderungen im Bewusstsein noch drastischer sein und einen wahren Bewusstseinswandel einleiten. Allzu lange haben wir die Führung unseres Lebens unserem Ego überlassen und bis heute haben viele Menschen immer noch nicht verstanden, was Gott, Bewusstsein oder Liebe sind. Sie haben ihre wahre Identität immer noch nicht für sich entdeckt und erfahren und dieser Umbruch ist sozusagen die „letzte" Chance, um endlich ZU ERKENNEN. Es ist an der Zeit, dass wir wieder in unsere natürliche Vollkommenheit eintreten und unser Leben SELBST bestimmen. Es ist an der Zeit bei sich SELBST „anzukommen" und auch „angekommen" zu leben. Es ist die liebevolle Präsenz des SEINS, die nur darauf wartet, von uns entdeckt zu werden. Das Leben zwingt uns, alles Unwesentliche loszulassen und uns wieder dem wirklich Wesentlichen zuzuwenden.

Es geht darum, alle Veränderungen des „Geschenks Leben" bewusst und voller Freude anzunehmen und uns auf unser zeitloses ewiges SEIN zu besinnen. Unser wahres Wesen ist von diesen Veränderungen nicht betroffen. Es bleibt davon unberührt. Es berührt lediglich die Welt, den Menschen als Körper, als denkendes Wesen und als Ego und wenn wir uns als das erkannt haben, was wir wirklich sind, dann werden wir weder Angst haben, noch werden wir uns Sorgen machen. Das „Spiel des Lebens" geschieht, ob wir bewusst sind oder auch nicht. Das Spiel läuft immer ab. Doch es macht einen Unterschied, ob wir uns mitten im Spiel befinden und uns mit dem Leid identifizieren, oder ob wir es von außen, mit Abstand, betrachten können. Wenn wir das können, dann ist alles plötzlich ganz einfach.

 ER EVOLUTIONS-SPRUNG 2012

Es ist die Chance zu einem neuen Bewusstsein und einer ganz neuen Form des Miteinanders heranzureifen. Die menschliche DNA des Menschen wirkt für elektromagnetische Strahlung wie eine Antenne und reagiert auf JEDE Veränderung der kosmischen Strahlung. Sie verstärkt die eingehenden Signale, was zu einer sofortigen Bewusstseinsveränderung führt. Ein starkes Signal könnte unsere DNA ganz neu codieren. Wir befinden uns ganz offensichtlich in einem Umwandlungsprozess, mit gesundheitlichen, politischen und wirtschaftlichen Auswirkungen. In einem Evolutionssprung könnte der Mensch zu sich SELBST erwachen. Für den, der dazu bereit ist, ist es ein Geschenk. Für die anderen hingegen ist es eine enorme Belastung und wird zu einer einzigen „Überlebensfrage" werden. Diesmal ist es nicht eine der vielen Krisen, sondern die größte Krise in der Geschichte der Menschheit. Aber wie jede Krise ist auch sie eine Chance zum Besseren. Jeder Mensch wird es anders sehen und empfinden und jeder wird auch anders damit umgehen können. Die momentane Wandlungsphase erfordert, dass wir unsere Einstellung und Denkweise grundlegend ändern, überdenken und komplett neu navigieren.

Es ist an der Zeit, die alten und überholten Programme loszulassen und sich die Welt etwas genauer anzusehen. Ich meine nicht die Welt, so wie wir sie sehen, wie ich sie sehe oder wie Sie sie sehen. Ich meine den Ursprung der Welt, denn den gilt es zu ergründen.

Dieser Bewusstseinsprung ist nicht nur eine Verbesserung des bisherigen, sondern die Transformation zu einem ganz neuen Bewusstsein.

Er ist von den Energiefeldern abhängig, von denen wir umgeben sind. Wir können sie weder sehen, noch riechen, oder schmecken, aber sie steuern unser ganzes SEIN. Sie steuern unsere Gesundheit, unsere Stimmung, unsere Aktivität und unsere Aufmerksamkeit, aber auch unsere Neigung zu Unfällen oder unseren Erfolg. **Wir glauben unser Handeln selbst zu bestimmen, obwohl das Bewusstsein selbst und auch umweltbedingte Faktoren einen ungeahnten Ein-**

fluss auf unser Leben, unser Tun, Handeln und Denken haben. Wir sind nicht das, wofür wir uns halten.

Der Irrtum vom handelnden Wesen sollte weichen, damit wir uns als das eine Selbst erfahren können.

Umweltbedingte Faktoren können sogar einen „Aufstiegsprozess" einleiten und uns zu einem neuen Menschen führen. Erdmagnetfelder, Schumann-Resonanzfrequenzen, das elektrostatische Erdfeld und die Sonnenstrahlung haben das Leben auf der Erde entstehen lassen und verändern es ständig. Sie können es optimieren oder aber auch auslöschen. Es kann dazu führen, dass wir erstmals das unfassbar große Potential unseres Gehirns nutzen werden. Wir können diese enormen Möglichkeiten unseres „Denkinstrumentes" nicht einmal erahnen. Dieses Wunderwerk wartet nur auf den „großen Sprung". Die Evolution der Intelligenz könnte sich in einem Quantensprung vollenden. **Die Krise der Welt könnte man als Krankheitssymptome bezeichnen, die wir durch unsere egoistische Selbstbezogenheit verursacht haben und die uns nun die Möglichkeit bieten, zu einer kollektiven SELBST-Erkenntnis geführt zu werden.** Unsere DNA ist zu einem Teil in einem Bereich einer höheren Dimension und „ent-wickelt" ein höheres Bewusstsein. Sie ist die Schnittstelle zwischen der materiellen und der immateriellen Welt und in STÄNDIGER Verbindung zu unserem Wahren SEIN. Sie meldet den Stand unserer Ent-Wicklung ständig und empfängt die Impulse zur Weiterentwicklung. Mehr als 90% sind derzeit inaktiv, was sich jetzt aber ändern könnte. Die Natur erschafft sicher kein so umfassendes Betriebssystem, ohne dafür einen Nutzen zu haben.

Unser Seinsauftrag ist erst erfüllt, wenn wir unser Wahres Sein erkannt haben und auch zu einem vollkommenen Ausdruck dieses Seins geworden sind.

Aber unser Aufstieg endet nicht in der nächsten Dimension, denn dies ist nur der nächste Schritt, ohne den die Probleme, die der Verstand geschaffen hat, nicht zu lösen sind. Es braucht auch die Umkehr unserer Aufmerksamkeit, die wir von außen nach innen zu lenken haben, was zu einer völlig neuen Weltsicht führen wird. Bewusst oder unbewusst wollen wir ALLE zurückkehren in das EINE SEIN, dazu sind wir ja auch hier auf die Erde gekommen. Es ist das einzige Ziel, das in Wirklichkeit gar kein „Ziel", sondern ein Selbstläufer, ein SEINS-Auftrag ist, den wir alle zu erfüllen haben und auch alle erfüllen werden. Früher oder später werden wir uns ALLE als das eine Bewusstsein erkennen und der momentane Umbruch hilft uns dabei. Auch wenn viele Menschen das nicht so sehen wollen, es kann gar nicht anders sein, denn die Menschheit wird über den Schmerz in die Liebe geführt. Wer nicht leiden will, wird es auch nicht tun,

Wir leiden freiwillig, indem wir an der Unwissenheit festhalten und uns nach wie vor AUSSCHLIESSLICH in der materiellen Welt verlieren.

Die momentane Situation ist ja nichts weiter als die Spiegelung unseres Bewusstseins. Also können wir uns nicht über das Chaos in der Welt beschweren, sondern sollten uns dahin ausrichten, woraus es erst entstehen konnte. Unser jetziges SOSEIN ist das, was wir WELT nennen. In der Welt gibt es keinen Frieden und den wird es auf der Erde auch niemals geben können. Die Erde ist ein so genanntes „Bewusstseinstrainingslager" und dort gibt es diese Dualitäten wie SCHLECHT und GUT, OBEN und UNTEN, LINKS und RECHTS. Also wird es auf der Erde auch immer Krieg und Frieden geben. Erst wenn wir mit uns SELBST Frieden geschlossen haben und zur Liebe zurückgekehrt sind, dann wird sich auch der Friede im Außen manifestieren. Doch die Welt ist genauso vergänglich wie wir es sind, denn sie unterliegt ebenfalls dem Prinzip des Wandels.

Eine besondere Gelegenheit um zu Bewusstsein zu kommen ist immer eine „Zeitenwende", wie wir sie 2012 wieder einmal erleben. Es ist wieder ein „Jüngstes Gericht", wobei wir selbst unsere Richter sind. Die Prüfungsfrage ist mit unserem Seinsauftrag vorgegeben, der in der Bibel so formuliert ist: „Ihr sollt vollkommen SEIN, wie der Vater im Himmel vollkommen ist". Da heißt es nicht, wir sollen vollkommen werden, sondern vollkommen SEIN, das heißt, unserem wahren Wesen folgen.

Ein platonisches Weltenjahr besteht aus 25920 Erdenjahren. Am Ende eines JEDEN platonischen Jahres erfolgt immer eine „Seelenrückrufaktion" eine Aufforderung zur Einheit des SEINS zurückzukehren, oder die Entscheidung zu treffen, das Jahr zu „wiederholen". Dabei haben wir zwei Hilfen. Einmal Wesen, die diese Entwicklung bereits erfolgreich abgeschlossen haben, die aber unaufgefordert nicht eingreifen und nach dem „Gesetz der Resonanz" von uns angerufen werden können, ODER das „Licht in uns" als unser wahres Wesen. Die Prüfung hat bereits begonnen und wenn wir „versetzt" werden wollen, dann bleibt uns nicht mehr viel Zeit. Die Prüfung nähert sich ihrem Abschluss. Unser Sonnensystem bewegt sich einmal in 25920 Erdenjahren, also in einem „Weltenjahr", um die Zentralsonne Alcyone in den Plejaden. Dabei durchläuft der Frühlingspunkt zwölf Sternbilder in jeweils 2160 Erdenjahren, den verschiedenen Zeitaltern. Derzeit wechseln wir von den Fischen in das Sternbild Wassermann, das Wassermann Zeitalter hat bereits begonnen – es ist eine Zeitenwende. Alle 25920 Jahre kommen wir dabei in den Photonengürtel um Alcyone, wodurch sich eine „Schwingungsprüfung" ergibt. Da sich unser Sonnensystem elliptisch-spiralförmig bewegt, wiederholt sich diese Prüfung also alle 25920 Jahre auf einer höheren Ebene. **Alles was damit nicht im Ein-Klang ist, wird zurückgeworfen, und die durchlebte Erfahrungsebene muss wiederholt werden, während die anderen sich dadurch bereits auf der höheren Spiralebene befinden.** In dieser „Lichtdusche" hat jedes Wesen die Chance, sein Bewusstsein leichter und schneller erheben zu können. Jeder bestimmt sein Schicksal selbst und so kann sich auch niemand beschweren.

Diese Erhöhung der Eigenschwingung ist die TRANSFORMATION, von der in vielen Vorhersagen die Rede ist. Diese

Schwingung ist derzeit schon so stark erhöht, dass einige schon schwanken. Das bedeutet „Schwierigkeiten" in der Lebenssituation, die aber wiederum nur die Spiegelung des Menschen sein können. Nun haben wir die Chance, unsere Ent-Wicklung zu beschleunigen, oder die durchlebte Erfahrungsebene muss noch einmal wiederholt werden. Die wichtigste Zeit der letzten 25000 Jahre hat bereits begonnen.

Wir sollten die Chance nutzen und eine Wahl treffen, denn wer nicht wählt, hat auch gewählt, nämlich die Wiederholung.

JEDER ist daher gefordert, seine persönliche Transformation bewusst in die Hand zu nehmen und zu vollenden, denn es bleibt nicht mehr viel Zeit. Die Zeit der Materien-Verbundenheit geht zu Ende und das Zeitalter der Lichtschwingung hat begonnen. Davor muss man keine Angst haben, denn diese Lichtschwingung ist ja unsere wahre Identität. Wir brauchen uns daher also nur zu er-innern, hervorzutreten und das SEIN, was wir sind, immer schon waren und immer sein werden. **Es geschieht also ein globaler Bewusstseinswandel und auch auf der Erde beginnt somit eine neue Zeit.** Es gibt keinen Bereich der Gesellschaft, der davon nicht betroffen ist – ein jeder ist ein Kind Gottes und ist dazu aufgefordert, endlich zu erkennen. Auch wenn wir nicht auf eine andere Erfahrungsebene gehen, werden wir hier ganz andere Erfahrungen machen. Wir SIND wie eine „feinstoffliche

Festplatte", die STÄNDIG dementsprechende Ereignisse in ihren Erfahrungsbereich zieht. Der „Input" besteht aus unseren Gedanken und Gefühlen. Wir werden also nicht FÜR unsere SÜNDEN bestraft, sondern erleben nur die Spiegelung unseres SOSEINS. So wie wir durch Schlaf nicht zu einem besseren Menschen werden, bleiben wir auch nach dem so genannten Tod ein und dasselbe Bewusstsein. Unser Sosein wird uns auch im Jenseits den „entsprechenden" Platz zuweisen.

Eine wichtige Entscheidung ist unsere „Kongruenz", unsere Übereinstimmung, entweder mit unserer „Illusion des ICH, oder mit der Wirklichkeit unseres Wahren SEINS. Das ist die Entscheidung, vor die uns das Leben in JEDEM Augenblick aufs Neue stellt und eine Prüfung, die wir in JEDEM Augenblick neu ablegen. Immer ist es unsere Wahl. Wie wir uns entscheiden. **Bleiben wir in der Härte des Egos gefangen oder überwinden wir es und lassen die Situation einfach so sein.**
Wir verurteilen oder erlösen uns immer nur selbst damit. Wenn wir gegen etwas sind, richtet sich das gegen uns. Alles was wir verurteilen oder bemängeln, sagt nichts über die Situation oder den Menschen aus, die oder den wir gerichtet haben, sondern bezeugt nur unsere Unzulänglichkeit. Was auch immer wir sagen, wir sprechen immer nur über uns SELBST. Wenn es uns stört, dass jemand zornig ist, heißt das aber nicht, dass dies unseren Zorn spiegelt. Es spiegelt immer nur unsere Wahrnehmung, d.h. dass wir unfähig sind im anderen das Licht zu erkennen und wir automatisch an den überlagerten Bildern des Menschseins hängen bleiben.

Wir begegnen dem Gegenüber dann als Person, anstatt seinen wahren Kern zu entdecken. Nur wer dem anderen als SELBST gegenüber tritt, wird auch sein Licht sehen können. Wer in seinem Ego verhaftet anderen Menschen gegenüber tritt, wird natürlich auch nur die Ausdrucksform, also den Körper mit all seinen Eigenschaften wahrnehmen können. Er wird nie bis zum eigentlichen Kern des anderen vordringen können.

Deswegen beschweren Sie sich niemals, „wie" (eigen, komisch etc...) die anderen sind, denn sie sind immer nur so, wie Sie sie sehen können.

Die momentane „ZEIT" ist eine unglaubliche Chance, die sich nur selten bietet. Viele haben versucht, in dieser Zeit zu inkarnieren, um diese Chance bewusst zu nutzen. Dieser Wendepunkt ist die Befreiung aus der „Illusion des ICH" und die Rückkehr zur Wirklichkeit, in die natürliche Einheit des SEINS. Wir sollten uns deshalb JETZT entscheiden, denn die Zeit wird knapp. Sich „fast" dafür zu entscheiden, oder noch zu überlegen, reicht nicht aus, denn die Vollkommenheit ist nur als Ganzes vollkommen. 99,9 % Vollkommenheit ist Unvollkommenheit.

Es geht diesmal um einen Bewusstseinssprung, der sich über zwei Etagen erstreckt. Wir überspringen die vierte Dimension, die Astralebene, und treten gleich in die fünfte Dimension, die Ebene der Einheit, ein. Für ein Ego wäre das die Hölle, bzw. das Ende, deswegen kommt es da gar nicht erst dahin. Aus der Sicht unserer Egos mögen wir in einer KRISE sein, aber diese so genannte Krise bedeutet nichts anderes, als eine ENTSCHEIDUNG zu treffen. Jede Entscheidung verbirgt eine CHANCE in sich und die sollten wir nutzen. Eine Krise ist eine Verdichtung der Ereignisse, also eine Zeit, in der Ereignisse, die sich sonst über Jahrzehnte, oder gar Jahrhunderte verteilen, in wenigen Jahren ablaufen. **Es ist höchste Zeit, dass der „neue Mensch" in uns geboren wird und wir als der leben, der wir wirklich sind.** Es ist die eigentliche Geburt des Menschen, die uns nun bevorsteht. Das universelle Prinzip von Ursache und Wirkung gilt auf allen Ebenen des SEINS und wir ALLE unterliegen dem gleichen Gesetz. Zur Prüfung gehört auch, dass wir damit beginnen SELBST-bewusst und SELBST-verantwortlich zu leben.

Verantwortung ist kein Wort, das man kennen, sondern leben sollte.

Mit Verantwortung öffnen wir das „Zeitentor" zur anderen Erfahrungsebene. Alle Menschen die in ihrem egozentrierten Leben bleiben, werden durch ihr egobezogenes Urteilen und Denken gar nicht dafür resonanzfähig sein. Es gibt keinen einzigen zufälligen Zufall, sondern ALLES gehorcht dem Gesetz von Ursache und Wirkung, dem Kausalitäts-Prinzip. Der Zufall heißt in der „Weisheit der Sprache" nur so, weil er uns auf Grund unseres SOSEINS „zu-fällt". Es fällt uns zu, weil WIR uns dafür resonanzfähig gemacht haben. Auch Glück und Unglück gehorchen diesem Prinzip.

Aber wir sind wie ein Zauberlehrling, der die Kräfte, die er bewegt, noch nicht wirklich beherrscht und so verursachen wir oft unbewusst Situationen, die wir dann als Unglück bezeichnen.

Die besondere Chance dieser Zeit ist die Möglichkeit, sein KARMA nicht mehr durchleben zu müssen, sondern aus der Identifikation austreten zu können, die dieses KARMA verursacht hat und in unserer wahren und KARMA-freien Identität zu leben. Eine andere Chance ist es, höhere Geisteskräfte anrufen zu können, die sofort bereit dazu sind, uns zu helfen. Nur wenn wir sie darum bitten, wird das auch geschehen.

Wir können sogar unser eigenes, vollkommenes Meisterbewusstsein der Zukunft ins JETZT rufen und uns davon leiten lassen. Alles hängt nur davon ab, welche ENTSCHEIDUNGEN wir treffen. Es ist an der Zeit das Licht unseres wahren Wesens leuchten zu lassen und in unserer natürlichen Vollkommenheit hervorzutreten. Der Mensch hat die Fähigkeit, indem er einfach seine Aufmerksamkeit darauf gerichtet HÄLT, seinen Geist auf JEDER Ebene zu polarisieren und so die „entsprechenden" Ereignisse und Umstände in sein Leben zu ziehen. So werden wir fähig, in einer Welt zu leben, in der Gedanken und Gefühle SOFORT Wirklichkeit werden. Wir sind unser eigener Erlöser und wenn wir es nicht tun, geschieht es nicht. Was auch immer geschieht, haben wir also keine Angst, denn UNS als SELBST kann nichts passieren.

2012
WAS GESCHIEHT WIRKLICH?

Viele Menschen erwarten 2012 eine Katastrophe. Da ist die Rede von Apokalypse, aber das heißt nicht Weltuntergang, sondern „OFFENBARUNG".

2012 ist nicht das Ende der Welt, sondern das Ende des „alten Bewusstseins".

Ein Zeitalter geht zu Ende und ein neues Zeitalter beginnt. Es ist die Geburt des „neuen Bewusstseins". Das geschieht nicht von einem Tag auf den anderen, sondern in einem „Zeitfenster" zwischen Herbst 2007 und 2015. Wie bei einer Geburt ist das mit „Geburtswehen" verbunden.

Wenn sich das Bewusstsein ändert, wird sich auch ihr Spiegelbild - also die Welt - ändern. Wie innen, so außen, das ist das Gesetz.

Es sind tief greifende wirtschaftliche, politische Veränderungen im System oder auch gesundheitliche und partnerschaftliche Veränderungen beim „Einzelnen" zu erwarten, die das Leben aller Menschen von Grund auf verändern werden. Die Welt sträubt sich gegen Veränderungen, doch das, was in der Welt anders erscheint, ist nur eine natürliche Folgeerscheinung unserer Transformation. So wie wir die Welt kennen, wird sie nie wieder sein. Was sich vor allem auflöst, ist das Bewusstsein der Dualität und auch das Ego verschwindet. Wir müssen das nicht „tun", es „geschieht" ganz einfach mit uns. Der „Mensch der Zukunft", ist unser wahres Wesen. Wir brauchen uns nicht zu ändern, nur „hervorzutreten", um der zu sein, der wir längst schon sind.

Was sich auflöst, ist nur die Illusion, die uns von der Wirklichkeit getrennt hat.

Vieles, was heute noch ein selbstverständlicher Teil unseres Lebens ist, verschwindet völlig, und was heute noch kaum eine Rolle spielt, oder noch gar nicht existiert, wird das Wesentliche in unserem Leben. Es ist die Rückkehr in die eigentliche Dimension unserer Existenz. Wir halten die Realität nicht mehr für die Wirklichkeit, sondern erkennen sie als eine Sichtweise unseres bisherigen Bewusstseins. Wir erkennen, dass wir das nicht erst werden müssen, denn es ist unser wahres Wesen. Wir lösen die „Illusion von Realität und Zeit" und können so wieder in unser Wahres Sein eintreten. 2012 ist nicht das Ende der Welt, sondern nur das Ende unserer SELBST-Vergessenheit und der Anfang, besser die Rückkehr, in die „Wirklichkeit des SEINS". Aber das wird nur ganz harmonisch ablaufen können, wenn wir gut darauf vorbereitet sind. Das Leben macht einen LETZTEN Intelligenztest mit uns, entweder wir bestehen ihn, oder wir „verschwinden". **Doch das, was verschwindet ist nur die Illusion mit all seinen Erscheinungen und Bildern. Wir SELBST werden immer bleiben, weil wir die Ewigkeit sind.** Wenn Sie optimal vorbereitet in diese Prüfung gehen wollen, haben Sie Ihre Chance.

Unser Intellekt wird sich durch diesen Bewusstseinssprung quantitativ und qualitativ erweitern.

Es ist ein Übergang in einen völlig neuen SEINS-Zustand und in ein ganz neues Miteinander. Wir erkennen bewusst, dass wir alle eins sind, sodass sich jeder Egoismus auflösen wird. Dazu sollten wir unsere „Hardware" auf eine völlig neue „Software" vorbereiten. Das beginnt damit, dass wir alte Strukturen und Verhaltensmuster erkennen und auflösen, um für das, was werden will, Raum zu schaffen. Dazu gehört unser erworbenes Wissen, unsere Glaubenssätze, unser ganzes Wertesystem etc. Das beinhaltet auch das Aufgeben unserer Gewohnheiten und Bequemlichkeit. Alles kann sich in JEDEM Augenblick ändern. Nur so sind wir auf die Veränderungen vorbereitet, die unmittelbar vor uns liegen. Freie Kontingente in unserer physischen, psychischen und mentalen Struktur werden aktiviert. Der neue Mensch tritt in Erscheinung, nämlich so, wie er von der Schöpfung ursprünglich „gemeint" ist. Wir sind derzeit in der heißen Phase der „kosmischen Prüfung" in der sich entscheidet, ob wir „versetzt" oder in eine weitere Runde von 26000 Jahren eintreten werden.

Es bleibt also nicht mehr viel Zeit und wir sollten sie nutzen, um unsere Transformation abzuschließen, damit dies unsere letzte Inkarnation ist.

Dazu gehört auch, dass wir das, was wir tun, lieben und es vollkommen und voller Freude tun. So können wir in all unserem TUN unsere natürliche Vollkommenheit erleben. Dabei gibt es keine „geringen" Tätigkeiten, denn Vollkommenheit können Sie bei ALLEM erleben. Seien Sie daher mit Liebe bei der Sache, denn der Grad der Liebe, den Sie erreicht haben, ist ein wichtiger Prüfungspunkt und den Umständen selbst ist es egal, wie sie sind.

In dieser Zeit kommt es auf allen Ebenen zu dramatischen Veränderungen und es beginnt eine neue Zeit. Auch unser Geldsystem wird sich grundlegend ändern und Geld wird wieder etwas sein, das einen „inneren Wert" hat. Niemand kann sich vor diesen Veränderungen drücken und es wird zu einer grundlegenden Veränderung der Werte kommen. Was bisher im Mittelpunkt stand, wie Geld, Besitz, Anerkennung und Erfolg wird in den Hintergrund treten und Dinge, die bisher vielleicht kaum eine Rolle gespielt haben, werden an die erste Stelle rücken. Liebe, Miteinander, Mitgefühl und Zeit zu haben für das Wesentliche im Leben, wird unweigerlich zum Mittelpunkt des Daseins werden. **Zeit zu haben, um wirklich zu leben, bedeutet vollumfänglich ANWESEND zu sein.** Die Evolution steht heute an einer entscheidenden Stelle. Ein Quantensprung des Bewusstseins ist erforderlich.

Danach werden wir erwachte Götter sein, oder wir werden nicht mehr sein.

Es ist der Schritt ins ATMAN-Bewusstsein, die innewohnende Wirklichkeit des Menschen. Es gibt nichts im Universum das der Mensch nicht könnte. Im vollkommenen Bewusstsein seines Selbst kann er durch alle Dimensionen gehen und in seinen grenzenlosen Fähigkeiten des universellen DASEINS verweilen. Dazu aber bedarf es zuvor, vom linearen und über das holistische Denken zum universellen „Denken" zu kommen und in seine natürliche Multidimensionalität zurückzukehren. Dabei gibt es nichts zu lernen, man kann sich dieses Bewusstsein weder erarbeiten, noch „ermeditieren" – es genügt, sich wieder an die eigene Wirklichkeit und Vollkommenheit zu „er-innern". Wir brauchen keine Ursachen mehr zu setzen, sondern sollten für unser vollkommenes Leben einfach wieder „Verursacher" sein.

In dieser entscheidenden Phase der menschlichen Entwicklung ist es erforderlich, so viele Menschen wie möglich zu „erwecken". Nur so kann der entscheidende Quantensprung der Evolution gelingen und nur so haben wir überhaupt eine „Zukunft". JEDER, der selbst bereit ist aufzuwachen, ist auch dazu aufgerufen, andere an sich SELBST zu erinnern. Es ist das Wichtigste, was man in einer Inkarnation erleben kann, denn es ist die Rückkehr in die eigene Vollmacht und natürliche Vollkommenheit des Seins.

In der Zeitenwende, die vor uns liegt, vollzieht sich gerade der Sprung von der Unbewusstheit, zur Bewusstwerdung der Menschheit. Dabei sind Turbulenzen nicht zu vermeiden. Die Strahlung wird so kraftvoll werden, dass wir uns der erhöhten Schwingungsqualität anpassen „müssen". Geld und Besitz werden danach völlig unwichtig sein. Energie wird kostenlos und unbegrenzt für jeden zur Verfügung stehen. Wir werden erleben, was freier Wille wirklich heißt. Mit dem Licht werden auch die Schatten stärker. Aber wir werden uns auch den anderen gegenüber stärker verpflichtet fühlen, ihnen zu helfen, ihr Leben zu meistern. Weil wir aus der Begrenzung herauswachsen und uns als Einheit erleben, wird es ganz natürlich sein, dass uns andere gleich wichtig sind, wie wir selbst. Unsere erwachte Weisheit verbindet uns mit unserem vollkommenen Ursprung und unser Bewusstsein wird grenzenlos sein. **ALLES was wir denken und fühlen, wird Teil des „kollektiven Bewusstseins".** Wir leben zu einem wesentlichen Teil von Sonnenenergie und Luft und können uns jederzeit mit dem höchsten Bewusstsein verbinden. Bisher war Leid das „schnellste Pferd zur Vollkommenheit", aber wir werden es nicht mehr brauchen. Probleme, Mangel und Leid werden aus unserem Leben verschwinden und auch Krankheit wird sich wandeln. NICHTS bleibt, wie es ist. Das Höchste in uns zu verwirklichen ist unsere Hauptaufgabe und unsere Lebensabsicht. Der Mensch ist höchster Geist, denn das ist sein wahres Wesen. Er HAT einen Körper, um in der materiellen Welt zu leben und Erfahrungen machen zu können. Mit der sich erhöhenden Strahlung wird sich auch das Bewusstsein ALLER Menschen erhöhen. Der begonnene Wandel ist NUR auf einer höheren Bewusstseinsebene möglich. Wissenschaft wird ein „Erkennen der Wirklichkeit" durch „Er-innern" sein.

Ist es nicht gut zu wissen, dass alle Schwierigkeiten und Turbulenzen nur Nebenwirkungen der NOT-wendigen Veränderungen sind, die zu einem höheren Bewusstsein und in eine „bessere", nichtdualistische „Welt" führen? Oft muss für einen Neubau der Boden zunächst saniert werden. **Das Höhere erkennt zwar das Niedere, das Niedere aber KANN das Höhere nicht erkennen.** JEDEM wird in dieser Zeit die Gelegenheit zu einem „Aufstieg" geboten. Kausal IST es bereits geschehen und wir sind aufgerufen, es auch in unserer „Realität" zu verwirklichen. Die Menschheit wird den Bewusstseinssprung schaffen und jeder Einzelne entscheidet selbst, ob er dabei ist, oder nicht. Wir sind geboren, um unser Höchstes SEIN zu manifestieren. Es werden viele Kinder geboren, deren Seelen viel reifer und älter sind, als die ihrer Eltern. Daraus entstehen Missverständnisse und Spannungen, auch mit den Lehrern. Eltern werden von ihren Kindern lernen. Eine Menschenrasse entsteht, die schon von Geburt an ein höheres Bewusstsein hat. Die Erwachsenen müssen erst die überholten alten Prägungen und Verhaltensmuster und karmischen Belastungen auflösen. Das rebellische Verhalten der Kinder ist oft ein unbewusster Ärger über die rückständigen Erwachsenen und die Unzufriedenheit über die eigene körperliche Unzulänglichkeit, die dem erwachten Bewusstsein nicht entspricht. Aber die „neue Generation" ist mit Qualitäten gekommen, die für die Umgestaltung der Welt gebraucht wird. Sie sind Informationsträger.

Es ist die Offenbarung der menschlichen Größe. „Ihr seid geschaffen nach dem Ebenbild Gottes".

Der Geist erwacht nicht von selbst, er muss erwünscht sein und gerufen werden. Es ist unsere Wahl. Wir brauchen auch Ihre Hilfe, um die 5. Dimension zu erreichen.

Fürchte dich nicht, denn ich habe dich erlöst; ich habe dich bei deinem Namen gerufen, du bist mein! Die Bibel, Buch Jesaja

DIE OPTIMALE VORBEREITUNG

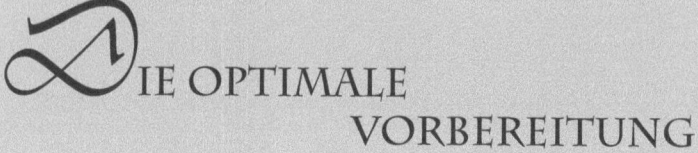

Der erste Gedanke ist wohl immer folgender: „Was kann ich tun?" Was können Sie tun? Was sollten Sie tun? Der erste Schritt besteht darin, zu erkennen, dass die Vorbereitung aus keinem TUN besteht. Alles was zählt, ist Ihr SOSEIN! Das Wichtigste ist es also, „zu Bewusstsein" zu kommen. Alles andere ist Nebensache. Es geht darum, von der Identifikation mit dem Körper, dem Verstand und der Persönlichkeit auszutreten, um in die wahre Identität zu kommen. **Das heißt, als DER zu leben, der ich WIRKLICH bin – als ich SELBST. Dieser Prozess ist eine Entwicklung, die geschieht. Sie kann nicht getan werden, sondern sie kann nur ERKANNT werden. Bewusstwerdung ist also ein ERKENNTNISPROZESS, der ein tiefes inneres Verständnis voraussetzt.**

Es geht darum, keine Rolle mehr zu spielen, sondern echt, ehrlich und authentisch zu sein – das wahre Wesen zu erleben und aus dem SEIN heraus zu handeln. Alles geschieht von selbst, wenn man das Denken und Tun LÄSST. Da ist eine Kraft die durch uns wirkt. Ob wir nun unwillentlich oder willentlich etwas tun, die Kraft ist immer hier. Vertrauen wir doch auf diese Kraft, die nicht nur in uns wohnt, sondern die wir auch sind und gehen wir in die VOLLMACHT die Dinge vollkommen zu tun. Wie das geschieht? Indem wir uns lenken lassen und uns dem Leben freudvoll hingeben. Es ist weniger wichtig was wir tun. Wichtiger ist es, als WER wir es tun.

Es ist also eine ewige Bewusstseinserweiterung, bis das Bewusstsein wieder ganz natürlich und allumfassend geworden ist. Das heißt vor allem LOSLASSEN. Alles loszulassen, was ich NICHT bin. Meinen Körper, Gedanken, Gefühle etc., aber auch die Dinge, die durch mein bewusstes SEIN in mein Leben geflossen sind und sich immer noch aufhalten. Zunächst wird also alles Unwesentliche losgelassen, um so immer wesentlicher zu werden. Alles das wird losgelassen, was nicht mehr zu mir gehört. Das kann eine überholte Tätigkeit sein oder aber auch eine Beziehung, die sich bereits erfüllt hat oder einfach nicht mehr stimmig ist. Es sind vor allem Verhaltensweisen und Gewohnheiten, die ich loslassen kann. Bevor Sie sich aber darauf stürzen, Ihr ganzes Leben umzukrempeln, denken Sie daran, dass die Veränderung in Ihrem Leben, durch das „Loslassen der Illusion des ICH" geschieht. Lassen Sie also Ihr Selbstbild los und erkennen sie das, was SIE wirklich SIND.

Loslassen hat auch etwas mit der Aufmerksamkeit zu tun. Sie können jetzt auch das loslassen, worauf Sie gerade Ihre Aufmerksamkeit gerichtet haben. Ziehen Sie Ihre Aufmerksamkeit ganz bewusst von Äußerlichkeiten ab und bemühen Sie sich darum, sie AUSSCHLIESSLICH auf das Wesentliche gerichtet halten.

Jeden Augenblick, in dem Sie sich in einer alltäglichen Geschichte verlieren, haben Sie sich in der „falschen" und persönlichen ICH-Identität verloren.

Sie können auch ALLES „bisher" aus Ihren Gedanken entlassen, denn alles BISHERIGE war nur die Vorbereitung auf das, was jetzt kommt. Auch wenn Sie es als schlecht empfunden haben, es musste so sein. Sie können es weder rückgängig machen, noch ein weiteres Mal herbei erzwingen. Seien Sie sich gewiss, dass es für Sie immer optimal war und dass nur die jetzige Situation IHRE Erfüllung sein kann. Wenn dem nicht so wäre, dann wäre Sie anders. Auch wenn Sie das nicht erkennen können, versuchen Sie genauer hinzusehen und es anstatt loszulassen, einfach so sein zu lassen, denn das ist der Schritt, der nach dem LOSLASSEN folgt: DAS SEINLASSEN. Das SEINLASSEN ist wohl eine Kunst und darin können Sie sich schon mal üben.

Wer alles so sein lassen kann, wie es ist, wird schneller in sich ankommen.

Er wird nicht weniger „schmerzvolle Erfahrungen" machen, aber er wird sie mit mehr Leichtigkeit durchschreiten. Je mehr man die Dinge loslässt und anschließend sein lassen kann, umso mehr wird man aus einem Gegeneinander oder Nebeneinander zu einem wahren Miteinander kommen. Es geht nicht um persönliche Ansichten, Meinungen oder Argumente, denn es ist bekannt, dass jedes Ego die Dinge nur so sehen kann, wie es aus seiner begrenzten Sichtweise möglich ist. Diskussionen bringen also nichts, wenn jeder nur Recht behalten will oder dem anderen nur seine Meinung aufschwatzen möchte.

Die Zeit der Machtspielereien und Besserwisser ist vorbei. Es geht darum, die Dinge endlich wirklich WAHR zu nehmen und Sie nicht mit der Sicht der Augen zu bewerten. Es geht also um die reine WAHRNEHMUNG selbst – um die Wahrnehmung des SELBST. Wir sollten also DAS, WAS IST, gemeinsam erkennen und die Wirklichkeit miteinander wahrnehmen. Dann können wir auch erkennen, dass wir das alles schon SIND, immer waren und immer sein werden. Wir hatten es nur vergessen, weil wir uns in der „Illusion einer falschen Realität" verloren hatten.

Vorbereitet zu sein heißt also, sich wieder an die Wirklichkeit zu er-innern.

Es ist nur ein Schritt zu tun: Er-innern, hervortreten und SEIN. Sie müssen nicht an sich „arbeiten" oder anders, bzw. besser werden. Sie brauchen nur der zu sein, der Sie wirklich sind. Dann ist alles getan, obwohl Sie in diesem Sinne nichts GEMACHT haben. Erleben Sie sich, bei ALLEM was Sie gerade tun, als die eigene, natürliche Vollkommenheit. Dazu bedarf es immer wieder „innezuhalten" und sich an sich SELBST zu erinnern. Dadurch werden Sie immer bewusster, denn Ihr Bewusstsein von heute, ist morgen von gestern. Da es immer nur ein JETZT gibt, ist es wichtig, dass Sie JETZT hier sind. Dies bedeutet, nicht über gestern oder morgen nachzudenken, denn dann können Sie ja nicht hier sein.

Sie sind immer nur dort wo Sie hinfühlen oder hindenken und das allein entscheidet über den Verlauf Ihres Lebens.

Da das Morgen wiederum eine Wirkung der heute gesetzten Ursachen ist, sind alle Grübeleien über die Zukunft kontraproduktiv. Wenn es nur darum geht wirklich im AUGENBLICK zu leben, dann tun Sie das doch auch. Sie haben das sicher schon öfters gelesen, doch wann beginnen Sie damit, es auch in ihren Alltag einfließen zu lassen und es STÄNDIG zu leben?

#
BEWUSSTSEIN ALS WEG

Alle Probleme und alles Leid entstehen in der „Illusion des Ich". Das Bewusstsein kennt weder Probleme, noch kann es Schwierigkeiten haben, denn es bleibt von irdischen Dingen unberührt. Nach dem Wissen der MAYA waren wir 26000 Jahre lang in einem begrenzten Bewusstsein gefangen. Im Jahre 2012 ist die Ausrichtung unseres Sonnensystems auf das Zentrum der Galaxis vollendet. Bis dahin sollte UNSERE Neuausrichtung auf das EINE SEIN auch geschafft sein. Diese Chance ergibt sich nur alle 26000 Jahre. All diejenigen, die nicht bereit dazu sind, wiederholen den Zyklus nach 26000 Jahren erneut. Sie bleiben in der Schule des Lebens also „sitzen" und werden dieselbe Klasse noch einmal wiederholen. Die anderen hingegen, werden auf eine andere Ebene des SEINS versetzt werden. Die neue Zeit braucht ein ganz besonderes Bewusstsein, damit der Evolutionssprung auf die nächste Ebene möglich wird. Dieser Sprung muss in unserem Bewusstsein geschehen, oder wir verpassen unsere „Versetzung". Unsere Versetzung hängt nur von einem einzigen Schritt ab, nämlich uns ALS Bewusstsein zu erkennen und daraus voll und ganz zu leben.

Die Frage ist, sind wir bereit dazu? Sind SIE bereit dazu? Für diese Entscheidung und um diese Frage mit JA zu beantworten, deshalb sind wir heute auf dem Planeten Erde angesiedelt. Es ist der Schritt aus der Realität in die Wirklichkeit. Es ist der „Quantensprung zum Aufstieg". Alle Überlieferungen der Babylonier, Sumerer, Azteken, der MAYA und der Hopi sagen das gleiche: „Der Mensch der Zukunft wird bewusst sein, oder er wird nicht mehr sein!". Unsere Zukunft hat gerade erst begonnen, oder sie endet, BEVOR sie überhaupt erst begonnen hat. Wir KÖNNEN nicht mehr „weitermachen, wie bisher. Bisher endet 2012. Wir haben die Wahl: Schlaf oder Aufstieg. Dazwischen gibt es nichts. Wie bereits gesagt, werden Sie entweder „versetzt" oder Sie bleiben sitzen. Beim Eintritt in die Materie wird das Bewusstsein zunächst durch den Körper begrenzt und dadurch kann er auch nur begrenzte Erfahrungen machen. **Je mehr sich das Bewusstsein weitet, also je bewusster der Mensch wird, umso mehr Möglichkeiten stehen ihm zur Verfügung. Eines Tages fallen alle Begrenzungen weg und dann hat sich unser schöpferischer Auftrag erledigt.** Die Möglichkeiten des Bewusstseins sind immer grenzenlos und allumfassend, wenn wir nicht in unserer Sinneswahrnehmung verhaftet bleiben. Der wichtigste Teil der Lebensabsicht ist es wieder „ZU Bewusstsein" zu kommen, das heißt, sich seiner SELBST bewusst zu werden und ALS Bewusstsein zu wirken.

Um innerhalb seiner Lebensabsicht bestimmte Erfahrungen zu machen, erschafft sich das Bewusstsein eine Persönlichkeit mit bestimmten Eigenschaften und Fähigkeiten, die sich als ein „ICH" erlebt.

Fast ausschließlich identifiziert sich das Bewusstsein mit seinem „Erfahrungs-Instrument" und glaubt dann, dieses persönliche „ICH", mit all seinen Begrenzungen zu sein. Dann versucht es, die begrenzte Sicht seiner Lebensabsicht durch dieses „ICH" zu verwirklichen und verliert sich und seine eigentliche Absicht aus den Augen. Wir sollten uns daher entscheiden, ob wir unser „ICH" glücklich machen wollen, oder als das Glück selbst, als das SELBST, leben wollen. Ich SELBST zu sein bedeutet Bewusstsein zu leben und das heißt präsent zu sein. Es gilt wirkliche Identität als die eine Wahrheit zu erkennen und diese auch zu verwirklichen. Bewusstsein erwacht in der Gedankenstille und Bewegungslosigkeit zu sich selbst. Es ist auch das Ende von Angst, denn Bewusstsein kennt keine Angst. Wovor sollte es sich denn fürchten?

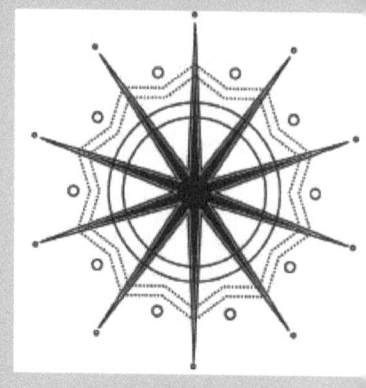

WAS BEDEUTET WIRKLICH ZU LEBEN?

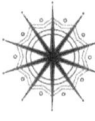 Ich bemühe mich präsent zu sein. Hier zu sein, bedeutet mit Gedanken und Gefühlen nicht in Ereignissen, Wünschen oder Befürchtungen spazieren zu gehen, sondern VOLLKOMMEN in mir selbst, in dieser einen Quelle zu sein. Um zu existieren muss ich nicht über die Zukunft nachdenken und mir ständig Sorgen machen. Alles geschieht von SELBST, wenn ich es nur zulasse.

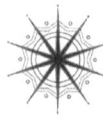 Ein bewusster Schöpfer zu sein, die volle Verantwortung für mein ganzes Leben und ALLE Umstände zu übernehmen und die natürliche Fülle der Schöpfung zu verwirklichen.

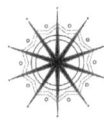 „Zu Bewusstsein" zu kommen und zu leben als der, der ich WIRKLICH bin – als vollkommenes, ewiges SEIN, reine Existenz, als ich SELBST!

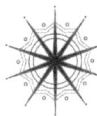 Ich richte den Fokus immer häufiger nach INNEN und ziehe meine Aufmerksamkeit ganz gezielt von allen Unwichtigkeiten ab.

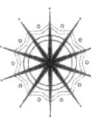 Den „Weg der Freude" zu gehen, meiner Be-RUF-ung zu folgen und dem Leben zu gestatten, mich FÜRSTLICH dafür zu bezahlen, dass ich das tue, was mir ohnehin am meisten Freude macht.

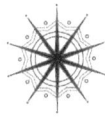 Ein guter Freund und ein idealer Partner zu sein und so in harmonischen und erfüllenden Beziehungen und in einer optimalen Partnerschaft zu leben.

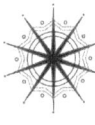 Als Bewusstsein zu leben und mir bewusst zu sein, dass ich ALS Bewusstsein, weder krank, noch älter werden kann. Auch kann ich nicht sterben, denn das betrifft nur meinen Körper, der ich nicht BIN!

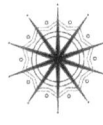 STÄNDIG das „Werkzeug Mensch" zu optimieren – meine „Erfahrungsinstrumente" Körper, Verstand, Persönlichkeit und Ego bewusst zu nutzen, um das Leben in seiner ganzen Vollkommenheit zu erfahren.

 Mir immer bewusst zu sein, ich bin ewiges, bewusstes SEIN und schaue mir hier nur einen Film

an, mit dem Titel „Mein Leben". Es ist ein" interaktiver" Film, bei dem ich Drehbuchautor, Regisseur, Hauptdarsteller und Zuschauer bin. Ich bestimme, wie der Film weitergeht und wie er ausgeht und wann. Ich kann dem Film JEDE gewünschte Wendung geben, aber auch einen ganz neuen Film beginnen, oder wieder „nachhause" gehen.

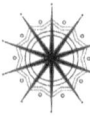 Bis dahin genieße ich das „Privileg zu leben" und bin dankbar, für das wunderbare „Geschenk" leben zu dürfen. ALLES was geschieht, ist „gleich-gültig". Es ist nicht „egal", wie das im herkömmlichen Sinne verstanden wird, sondern von GLEICHER Gültigkeit.

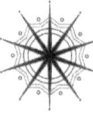 Ich muss nicht mehr an mir „arbeiten" oder „vorwärts kommen", ich BIN vollkommen und am Ziel. Also lehne ich mich zurück, und genieße den Film, in dem jemand die Hauptrolle spielt, der ich gar nicht bin.

EIN QUANTENSPRUNG IM BEWUSSTSEIN

JEDE Bemühung um eine Heilung bestätigt in Wirklichkeit nur die Existenz von Krankheit. Es geht also bei der Heilung nicht darum, einen Zustand, in diesem Fall die Krankheit, zu heilen. sondern in die „Realität des Heilseins" einzutreten. Ein wirksames Gebet ist nur, wenn das Erbetene im Gebet „vollzogen" wird und das Gebet damit bereits während des Betens erhört worden IST. **Je stärker unser Bestreben ist, etwas Unerwünschtes verändern zu wollen, desto mehr stärken wir aber das Unerwünschte. Je intensiver wir etwas Erwünschtes geistig „in Besitz" nehmen, umso schneller und leichter kann es sich manifestieren.** Im klassischen „Quantensprung" springt ein Elektron von einer Energieebene zur anderen über, OHNE in dem Raum des

Übergangs, also dem Dazwischen, gewesen zu sein. Wenn wir die „Quantensprache" beherrschen wollen, bedeutet das ebenso, dass wir uns auch von einem Zustand (z.B. Krankheit) in den anderen Zustand (demnach Gesundheit) begeben, ohne in dem Raum dazwischen gewesen zu sein (demnach Heilung). Sobald wir das wirklich verstehen, sind Wunder keine Wunder mehr, sondern die natürliche Folge geistiger Gesetze und jederzeit reproduzierbar. Im gleichen Augenblick aber, in dem wir aufhören zu fühlen. dass die neue Wirklichkeit existiert, hört sie auf zu existieren und springt wieder auf die vorherige Energieebene zurück. Wir sollten deshalb zu dem WERDEN, was wir dauerhaft als Realität erleben wollen. Schon das Richten unseres Bewusstseins auf einen bestimmten Aspekt des Lebens, ist ein schöpferischer Akt. Sind Sie sich dessen überhaupt bewusst?

Bewusstsein kann nicht anders, als das zu erschaffen, worauf es gerichtet wird.

So „geschieht" Schöpfung STÄNDIG. Die „Betriebssprache" sind Gedanken, Gefühle und Vorstellungen, die wir als Bilder wahrnehmen. Unsere Gedanken, Gefühle und Vorstellungen WIRKEN im gleichen Augenblick, in dem wir sie erschaffen. Wir erschaffen das, was wir als unsere Realität bezeichnen, also unser Sehen, Fühlen, Denken oder Tun. Die Wirkung ist IMMER DEM-entsprechend und kann auch gar nicht anders sein. Der „Output" entspricht also IMMER dem „Input".

Wir SIND ein Ausdruck der stärksten Kraft des Universums, der SCHÖPFERKRAFT!

Sie ist das Werkzeug, mit dem WIR die Zukunft gestalten! ALLE Techniken und „Wege zur Erleuchtung" vertiefen die „Illusion der Trennung". Wir versuchen etwas zu finden, das wir nie verloren haben. Die „Illusion des ICH" hat Sehnsucht nach der Wirklichkeit des SEINS, aber keine Möglichkeit, sie zu erreichen, denn die Illusion löst sich auf, sobald sie die Wirklichkeit erreicht. Trotzdem raten hoch verehrte Lehrer zu meditieren, den Verstand still zu stellen, den Geist zu klaren, das Ego aufzulösen, ernsthaft zu suchen, loszulassen, im Jetzt zu sein. Alles Ideen aus dem Verstand und dem Ego, die das Problem erst erschaffen, das sie vorgeben zu lösen. Wohin Sie auch wollen, Sie entfernen sich damit von dem, was IST. Wo wollen Sie denn hin? Sie sind doch hier! Wie lange brauchen Sie, um der zu sein, der Sie SIND?

Es geht nicht darum, die richtigen Fragen zu stellen, nicht darum, zu verstehen, oder etwas zu verändern, zu erreichen oder zu lösen, sondern einzig und allein darum, das zu erleben WAS IST. Staunend zu erleben!

Stellt sich vielleicht die Frage: „Wie komme ich in diese Einheit und wie bleibe ich dort?" Die Frage ist durchaus berechtigt und nachvollziehbar, doch die Antwort lautet: „Sie können weder hinein, noch können Sie heraus, denn Sie sind mittendrin!" Sie sind das DAS, der DER und das DORT gleichzeitig. Sie erleben die „Präsenz des SEINS", indem Sie Ihre Aufmerksamkeit darauf richten und gerichtet halten. Jetzt wird manch einer denken, dass er ja andere Dinge zu tun hat, oder tun muss. Sie können tun und lassen was Sie wollen. Die Aufmerksamkeit auszurichten ist keine Übung, wobei Sie Zeit investieren müssen. Es geschieht nebenbei und ganz von selbst. Während Sie etwas tun, bleiben Sie in sich, im Höchsten und verweilen dort. Sie wissen, dass Sie „dort" sind, wenn Sie über nichts nachdenken, sondern wirklich leer geworden sind.

Versuchen Sie es gleich einmal aus und beobachten Sie sich einmal selbst, wie oft Sie gedankenfrei sind ODER von aufkommenden Gedanken unberührt bleiben. Gedanken können kommen und gehen, doch die haben Sie nicht zu kümmern. Es sind doch nicht Ihre! Das Ego macht die Gedanken zu seinen und nimmt Sie in Besitz.

Was aber passiert, wenn Sie sie einfach ziehen lassen? Wer sagt denn, dass Sie sich den ganzen Tag darum kümmern müssen. Natürlich bedarf es einiger „Disziplin" immer wieder vom Denken wegzugehen und die Aufmerksamkeit neu auszurichten, doch je öfters Sie das tun, umso einfacher ist es. Warum? Weil der Gedanke dem neuen Weg folgen wird, den Sie ihm vorgeben. Auch er ist ein Gewohnheitstier und wenn Sie ihn ständig wohin lenken, z.B. in die Natur, an ein Bild, das Sie sehr bewegt oder an die höchste Quelle selbst, dann wird er irgendwann diese Bahn ganz von selbst einschlagen.

Unser EGO ist eigentlich als Botschafter des Geistes auf der materiellen Ebene gedacht, der die Absicht des Geistes sichtbar werden lässt. Es war aber nicht gedacht, dass es selbst Entscheidungen treffen soll. Zunehmend aber erlebt es die Entscheidungen des Geistes als SEINE Entscheidungen und sich dadurch als „JEMAND". Es sieht sich als Quelle und verliert dadurch die wahre Quelle aus dem Bewusstsein. So beginnen wir uns auch als Persönlichkeit zu erleben.

Das Ego versucht alles in Besitz zu nehmen, ja sogar vor dem Leben macht es nicht halt. Es sagt: „Das ist MEIN Leben!". Aber wir haben kein Leben, wir SIND das Leben. Wie aber kann ich etwas verlieren, das ich BIN? Das Ego stört das natürliche Wohlbefinden des Körpers fast ständig und erzeugt Druck oder Stress. Dies geschieht nicht durch äußere Faktoren, sondern durch das Denken darüber. Es MACHT sich Sorgen, was alles passieren KÖNNTE und erzeugt so negative Emotionen, die den Energiefluss des Körpers blockieren. Wenn wir vielleicht eine schwere Kindheit hatten, dann könnten wir doch froh sein, dass sie vorüber ist und wir JETZT unser Leben selbst gestalten können. Das Ego beklagt sich auch gern darüber, dass es von anderen nicht genug beachtet, geliebt und bewundert wird. Dabei zeigt das nur, dass SIE sich selbst nicht genug beachten und lieben. Die Lösung ist, „JA" zu dem zu sagen, was ist, und zu tun, was zu tun ist. Machen Sie sich das JETZT zum Freund, denn nur im JETZT ist ALLES möglich. Es scheint so, als brauche alles Zeit, aber in Wirklichkeit gibt es nur das JETZT. Es folgt gar nicht ein Augenblick auf den anderen, sondern das Leben zieht an dem ewigen JETZT vorbei. Wir erleben IMMER nur den gegenwärtigen Augenblick, eben das JETZT!

Solange das Ego unser Leben beherrscht, macht es uns auf zwei Arten unglücklich. Die eine ist, nicht zu bekommen, was es sich wünscht und die andere ist, es zu bekommen. Manchmal ist die größte Strafe, dass unser Wunsch in Erfüllung geht. Eine Situation, die als unangenehm und unerwünscht erlebt wird, wird abgelehnt. Ohne diese Ablehnung wäre es einfach nur eine Situation, die leicht zu verändern ist. Wie? Indem Sie die Situation gedanklich und emotional einfach hinter sich lassen.

Die Ablehnung richtet die Aufmerksamkeit aber immer wieder auf das Abgelehnte und lenkt seine Schöpferkraft DARAUF. Das verstärkt und vermehrt das Problem nur unnötigerweise. Einfach wird es, wenn Sie das Problem nicht mehr als Problem sehen, sondern als interessante Herausforderung, die es zu meistern gilt. Es geht nur darum, die beste „Lösung", beziehungsweise den besten Weg zu finden und zu verwirklichen.

Eine Sache wird erst zu einem Problem, wenn sie abgelehnt wird.

Ein Lösungsversuch, der aus einer Ablehnung heraus entsteht, wird NIEMALS zum Erfolg führen. Wenn die Aufmerksamkeit auf die abgelehnte Situation, das heißt auf das Problem gerichtet wird, dann wird die Lösung ausbleiben. Aber auch wenn Sie das erkannt haben, könnten Sie zu dem Ergebnis kommen, dass es ihnen nichts nutzt, wenn Sie die neue Ausrichtung nur befolgen, weil Sie glauben, so ans Ziel zu kommen. Wer eine Ablehnung fühlt, kann nicht einfach so tun, als ob sie nicht hier wäre.

Nur was man fühlt und denkt, wird zur Wirklichkeit werden.

Wenn Sie sich einreden, dass Sie es anders machen und positiv DENKEN müssen, ergibt das einen Widerspruch. Auch wenn Sie etwas loslassen wollen, richten Sie Ihre Aufmerksamkeit dadurch immer auf das, was Sie loslassen wollen, anstatt auf den erwünschten Zustand danach. Das ist einer der Gründe, warum sich so viele Menschen fragen, warum es denn bei Ihnen nicht funktioniert. Wenn Sie gerne ein Mineralwasser bestellen, sich das auch denken, dann aber beim Kellner einen Tee bestellen, dann werden Sie auch kein Mineralwasser bekommen. Unterschätzen Sie die Kraft Ihrer Gedanken, Gefühle, Worte und Taten nicht. Sie alle müssen übereinstimmen, wenn sich etwas verändern soll.

Die beiden wichtigsten Worte für das Ego sind „ICH" und „MEIN". In Wirklichkeit aber KANN man nichts wirklich besitzen und viele Naturvölker kennen praktisch gar kein persönliches Eigentum. Aber mit „MEIN" und „DEIN" beginnen die Konfliktmöglichkeiten und das Ego wächst und wächst. Das Ego neigt dazu, HABEN und SEIN zu verwechseln. Es glaubt, je mehr es hat, desto mehr IST es. Aber die Befriedigung durch das Haben ist nur von kurzer Dauer und so will es immer mehr. Denn das Ego meint mit:

„Ich habe noch nicht genug" in Wirklichkeit: „Ich BIN noch nicht genug". Es ist dieser unstillbare Hunger nach mehr, der die Konflikte erschafft. Bekommt das Ego nicht, was es will, erlebt es Unbehagen, Langeweile, Ruhelosigkeit oder Angst, als Folge des ungestillten Verlangens. Dieses Verlangen kann aber weder durch Besitz, Menschen, Orte, oder Umstände gestillt werden, sondern nur durch die Erkenntnis der Illusion des Egos desillusioniert werden. Eine Lieblingsbeschäftigung des Egos ist es, sich zu beklagen, andere zu kritisieren oder zu verurteilen. Dann fühlt es sich gut, stark und überlegen und meint bedeutend und wichtig zu sein. Nicht auf das Ego der anderen zu reagieren ist der beste Weg, das Ego in sich zu überschreiten, es einfach nicht mehr als „ICH" anzuerkennen.

Nicht zu reagieren ist keine Schwäche, sondern eine wahre Stärke.

Nichts stärkt das Ego mehr, als Rechthaberei. Damit Sie Recht haben können, müssen natürlich andere Unrecht haben. Dieses Egospiel ist ein Fass ohne Boden und obwohl wir das wissen, spielen wir das Spiel weiter.

Um sich vom Ego zu befreien, braucht man sich nur seiner wahren Identität bewusst zu werden, denn Bewusstheit löst die Illusion des Egos auf. In allen Situationen des Alltags in der natürlichen „Präsenz des SEINS" zu leben, beendet dieses Spiel. Dann erwacht das wahre ICH zu sich

SELBST. Das Ego hat viele Gesichter und es ist ruhmsüchtig. Es will beachtet, beneidet und geliebt werden. Dafür ist es bereit fast alles zu tun. Es spielt gerne Rollen. In der Kirche, beim Staat, beim Arbeitsplatz, in der Familie oder beim Militär – es will in dieser Rolle respektiert werden. Je mehr wir uns mit einer Rolle identifizieren, desto weniger sind wir beziehungsfähig, weil sich nur zwei Rollen begegnen.

Natürlich schränkt das auch die Chance des Erkennens und Erwachens ein, denn das SELBST spielt keine Rolle, es bringt Rollen hervor. Fast jeder erlebt immer wieder einmal Momente, wo er vom Ego frei ist, in denen er ganz aufgeht und in seiner Tätigkeit Erfüllung findet. **Machen Sie jeden Augenblick zu etwas Besonderem und erfüllen Sie ihn mit IHREM Sein. Am besten sofort und JETZT.**

WIR SIND EIN UNGETRENNTER TEIL DES EINEN BEWUSSTSEINS

Vom Universum erschaffen sind wir ein ungetrennter Teil des Erschaffenen. ALLES, was ist, ist aus Bewusstsein „gemacht". Es ist die „Ursubstanz" des Universums. Am Anfang wurde das EINE VIELE und das Ungeformte nahm Form an. Wir haben diesen „Grundbaustein des Universums" bisher nicht entdeckt, weil der Beobachter gleichzeitig das Beobachtete ist. Die „alte Wissenschaft" glaubte, dass etwas nicht existieren kann, wenn man es nicht messen kann. Die „neue Wissenschaft" aber weiß, dass NICHTS wirklich existiert, was man messen kann. Bewusstsein ist sowohl der Schöpfer, als auch das Universum UND jedes einzelne Geschöpf. Es gibt NICHTS, außer dem EINEN SEIN. Kein Drinnen, kein Draußen, kein Davor und kein Danach, nur das EINE SEIN ist das JETZT, das ewig ist. Genau genommen gibt es auch kein JETZT, weil es kein „Nicht-Jetzt" gibt, so wie es kein „Hier" geben kann, weil auch kein „Nicht-Hier" existiert. Dieses EINE SEIN ist ein eigenes Gesetz.

Imagination ist das eigentliche „schöpferische Werkzeug", denn durch Imagination entsteht Schöpfung. Das EINE SEIN erschafft sich selbst, beobachtet sich selbst und indem es sich beobachtet, verändert es sich. Beobachten IST Schöpfung. Die größte Täuschung des Menschen ist es zu glauben, dass es andere Ursachen gäbe, als das Bewusstsein selbst. Bewusstsein, das sich fokussiert, wählt aus dem „Quantenfeld der Möglichkeiten" eine heraus und lässt sie „in Erscheinung treten". Das, worauf wir unser Bewusstsein vorwiegend richten, wird zu unserer Realität. Der Film, der gerade läuft, heißt: „Die Welt". Da geht es um Evolution und Erleuchtung und um die „Illusion des ICH", das glaubt, wirklich zu sein. Wenn Sie sich z.B. einen Film anschauen, dann sagen Sie sich ja auch nicht andauernd: „Das ist alles nur Illusion oder das gibt es gar nicht wirklich", sondern Sie genießen den Film einfach. Sie haben die Rolle des Beobachters und wissen, dass Sie auch nicht eingreifen können. Sie wissen, der Film ist, wie er ist. Warum ist es so schwer, das auch im Leben umzusetzen? Im Film des Lebens, der auf der Ebene der Erscheinungen abläuft, den wir fälschlicherweise „Realität" nennen, gibt es bestimmte Gesetze, wie die Schwerkraft, das Gesetz von Ursache und Wirkung etc. Im SEIN gibt es kein Gesetz, nur SEIN. Das SEIN ist sein eigenes Gesetz. Sie sind das Licht im Filmprojektor und wenn der Film vorbei ist, dann bleibt nur noch das Licht, nämlich SIE, als das, was Sie wirklich sind, übrig. Wir aber haben uns wegen der Sinneswahrnehmung zu sehr im Film verloren und glauben, dass der Film Realität ist. Und so spielen wir weiterhin das Spiel: „Die Suche nach dem verlorenen Paradies".

Das, was wir suchen, sind wir bereits. Und dies gilt es zu erkennen.

Indem wir das suchen, was wir bereits sind, entfernen wir uns von diesem Paradies. Aber nur so können wir es finden, denn das ist Teil dieses Spiels. Enttäuschungen sind „Einladungen in die Wirklichkeit", denn es ist der Weg, der direkt in das SEIN führen kann, wenn wir es ERKENNEN und ENTDECKEN können.

Dies hat etwas mit Reife zu tun und auch die innere Bereitschaft spielt hier eine große Rolle. **Wer noch harte Wirkungen braucht, wird Sie auch erfahren, wer bereit ist sich zu öffnen, wird dieser Erfahrung begegnen.** Jemand der 20 Jahre lang meditiert und nur Sojasprossen isst, KANN natürlich auch erwachen, aber sicher wird es nicht nur dadurch geschehen. Die Lebenshaltung ändert sich mit dem Bewusstseinswandel sowieso. Der Mensch wird durchlässiger und nimmt auch immer mehr wahr. Irgendwann erkennt er auch, dass es so etwas wie Schuld nicht geben kann. WER sollte da auch WEM, WAS genau verzeihen? Scheinbar macht uns das Suchen Spaß, warum sonst können wir es nicht lassen? Suchen heißt, das SEIN zu verleugnen. Und trotzdem ist es notwendig.

Das Suchen ist an und für sich ja nichts „Schlechtes", denn nur die SUCHE wird uns eines Tages lehren, dass es nichts zu finden gibt.

Wir müssen uns also zuerst verleugnen, um uns wieder zu finden. Schließen Sie einmal die Augen und suchen Sie nach Ihrem „ICH". Da kommen Bilder, Gedanken oder vielleicht Gefühle hoch, aber so etwas wie ein „ICH" wird Ihnen ganz bestimmt nicht begegnen. Warum? Weil keines da ist! Der oder das, was nach diesem „Ich" Ausschau hält, das sind Sie selbst. Es ist das EINE SEIN, das Sie dabei beobachtet, wie Sie das Spiel „Ich suche mich" spielen. Es ist das Leben, das Leben spielt. Das Leben selbst ist ein Traum, ein flüchtiges Formenspiel. Als Traum ist es real, aber eben nur auf der Traumebene.

Sobald wir erwachen, erkennen wir, dass wir nur geträumt haben. Und dann ist da noch der Träumer. Das ist nicht die Person, die wir zu sein glauben, denn sie ist ein Teil unseres Traums. Der Träumer ist nicht Ihr Körper, es ist das, was Sie wirklich SIND – reine Existenz, die weder geboren wurde, noch sterben wird. Sie ist immer, war immer und wird immer sein.

Es ist das Sein, das spielt „nicht zu wissen"!

$\mathcal{E}$INFACH SEIN

Das bewusste Erleben von unserem eigentlichen ICH BIN, ist von jeder Vorstellung befreit. Es ist reines SEIN, das ohne Gedanken, Gefühle, Überzeugungen und Urteile, einfach nur ist. Es ist nichts zu „tun".
Vielmehr ist es ein GESCHEHEN lassen. Es ist ein Loslassen, ein SEIN-LASSEN und Zulassen, sich voll und ganz auf den Augenblick einzulassen.

Ich lasse einmal ganz bewusst alles los, was nicht zu meinem SELBST gehört. ICH BIN einfach nur ganz da, völlig präsent und JETZT hier. Dieses JETZT ist jenseits des Ortes und auch das HIER ist der Zeit fern. Es liegt außerhalb der täglichen Hektik, denn es ist ein RAUM wo Friede herrscht. Hier ist es still. Hier komme ich zur Ruhe.

 **So erlebe ich dieses HIER-SEIN ganz bewusst als meinen natürlichen Zustand und erkenne alles andere, was ich bisher als real und somit als wichtig empfunden habe, als künstlich und unnatürlich. Dies ist nicht „schlecht", es ist einfach nicht das, was ich bin.**

 ICH BIN das ewige SELBST, das Körper-los, Alter-los, Zeit-los und Eigenschafts-los ist. ICH BIN reine Existenz.

 **Ich BIN die „liebevolle Präsenz des SEINS und erlebe meine wahre Identität als die eine REALITÄT. So lebe ich ganz bewusst in der „Geistesgegenwart".**

 Nun mache ich mir einmal bewusst, als WER ich mich gerade erlebe. Erlebe ich mich als Mensch, der hier sitzt, als der Denkende, als das Gedachte, als die Stille oder erfahre ich mich als der Beobachter selbst.

 **Nun werde ich immer stiller und ruhiger. Ohne etwas zu wollen tauche ich in diese Ruhe ein und erlebe gleichzeitig, dass niemand hier ist. Da mag wer sitzen, doch ich kann das nicht sein.**

So kann ich erkennen, dass mein GLAUBE und der Irrtum etwas oder jemand zu sein, nur eine Vorstellung von etwas oder von jemandem erschafft.

Ich erlebe bewusst, dass da gar niemand ist, zu dem ich „ICH" sagen könnte. Da ist nur reine Existenz, die Präsenz des SEINS, aber kein „JEMAND", den ich für MICH gehalten habe. Gleichzeitig erfahre ich dieses ICH BIN, das ich bin, als einzige Realität. Es gibt mich und es gibt mich nicht. Das was es gibt, ist und war immer schon hier. Es wird auch weiterhin bestehen bleiben. Das was ich nicht bin, ist das, was ich über die Sinne wahrnehmen kann und als was mich die anderen erkennen. Und obwohl ICH BIN, bin ich nicht. Da ist „NICHTS", was man festhalten oder erklären könnte und doch ist es hier. Ich BIN nichts und niemand, aber ICH BIN. Mit Sicherheit bin ich nicht das, was ich zu sein glaubte, das habe ich jetzt erkannt.

Irgendwann bin ich so STÄNDIG „bei Bewusstsein" und ganz der, der ich wirklich bin. Mit Leichtigkeit kann ich mir dessen bewusst sein und als dieses SELBST verweilen. Alles andere funktioniert wie vorher, doch mein „Ausgangspunkt" hat sich verändert. Ich tauche gelegentlich in das persönliche „ICH" oder in ein Tun ein, aber IMMER als ich SELBST. ICH BIN mir immer meiner SELBST bewusst.

Die Selbstvergessenheit ist für immer beendet und ich lebe ständig als liebevolle „Präsenz des SEINS" und bin ein Segen für JEDEN, der mir begegnet oder der in mein Bewusstsein tritt. Ich habe mich als Aufgabe „gelöst" und bin bereit für die eigentliche Aufgabe, nämlich die Schöpfung mit zu gestalten und zu erkennen, dass alles bis dahin nur eine Vorbereitung darauf war. Das eigentliche Leben kann beginnen und die Aufgabe ist erst erfüllt, wenn DER LETZTE wieder „zu Bewusstsein" gekommen ist und vielleicht erkennen wir dann, dass erst dann das WAHRE LEBEN beginnen kann, wenn alle wieder zu ihrer natürlichen Vollkommenheit erwacht sind.

DAS „GEISTIGE WERKZEUG" ACHTSAMKEIT

Sie ziehen das in Ihr Leben, worauf SIE Ihre Aufmerksamkeit richten und laden es damit ein, Teil Ihres Lebens zu werden. Mit dem Richten Ihrer Aufmerksamkeit bestimmen Sie das Ziel Ihrer Schöpferkraft, die genau das verwirklichen wird, worauf sie gerichtet ist. Damit „führen" Sie Ihr Leben und bestimmen auch, WER Ihr Leben führt, denn der bestimmt auch Ihr Schicksal. Seien Sie SIE SELBST, dann erschaffen Sie damit eine entsprechende Realität. Sind Sie ein „ICH", dann bestimmt das „ICH" Ihr Leben und erschafft eine „ICH-Realität".

Was geschieht, wenn Sie Ihre Aufmerksamkeit auf Ihre wahre Identität richten? Im gleichen Augenblick beginnt Ihre wahre Identität Ihr Leben zu bestimmen und SOFORT fängt auch Ihr Leben an, „stimmig" zu sein. Es ist der Schritt aus der Illusion in die Wirklichkeit. Das bedeutet sein Leben bewusst zu „führen". Das bewusste Richten Ihrer Aufmerksamkeit ist auch der Weg zum Bewusstsein. Je öfter und je länger Sie Ihre Aufmerksamkeit auf Ihr Wahres SEIN richten und gerichtet halten, desto schneller erwacht Ihr Bewusstsein und wird auch immer weiter und umfassender sein. Damit werden Probleme, Mangel und Leid aus Ihrem Leben verschwinden.

Das Bewusstsein erwacht zu sich selbst, erkennt sich selbst und tritt als erlebte Realität „in Erscheinung".

Das Richten der Aufmerksamkeit führt so auch zur eigenen, natürlichen Vollkommenheit. Ihre Aufmerksamkeit IST Ihr „Schicksals-Auswahlempfänger". Das bewusste Richten Ihrer Aufmerksamkeit IST Ihr „Schlüssel zur Macht" und ALLES „geschieht" plötzlich vollkommen mühelos. Halten Sie Ihre Aufmerksamkeit auf den gerichtet, der es bereits geschafft HAT, der am Ziel IST und atmen, denken und fühlen Sie ALS DIESER Jemand. Bleiben Sie in der „Energie der Gewissheit der Erfüllung", bis die natürliche Fülle in Ihrem Leben in der gewünschten Form, als Ihre erlebte Realität „in Erscheinung" getreten ist,

ALLES was wir DENKEN, uns VORSTELLEN und GLAUBEN können, das können wir auch „wählen", das heißt, dass wir es auf der „Ebene der Realität" in Erscheinung rufen können. Dies geschieht, indem wir es verursachen. Dazu sollte ich in der Schöpfungs-Vollmacht sein, das heißt mir meiner wahren Identität als Schöpfer auch voll und ganz bewusst sein. Es genügt nicht, es zu wissen, sondern es ist unumgänglich es auch zu FÜHLEN. Denn wer sich nur sagt, dass er der Schöpfer ist, ohne es auch so zu empfinden, ist dem Universum gegenüber unglaubwürdig. Alles was Sie selbst nicht glauben, wird niemals in Erscheinung treten können. Ich BIN es! Sobald Sie das empfinden und auch noch dankbar sind, funktioniert die Manifestation unweigerlich. Dann und erst dann sind Sie in der Schöpfungs-Vollmacht und das Leben wird jeden Auftrag ausführen.

Sobald wir unseren linear arbeitenden Verstand überschritten haben, können wir unmittelbar in die unverfälschte Wahrnehmung der Wirklichkeit eintauchen.

Dann erkennen wir, dass die Ausrichtung unserer Aufmerksamkeit das bestimmt, was als „unsere Realität" in Erscheinung tritt. Wir entdecken die Macht dieser Ausrichtung und können überprüfen, dass, wo auch immer wir sie hinlenken, genau das Erwünschte angezogen wird. Dies ist der Beweis dafür, dass es so etwas wie Zufälle nicht gibt. Das was uns zu-fällt ist das, worauf wir uns ausgerichtet haben. Es kann auch gar nicht anders sein, denn unser Gegenüber, das Außen und unser gesamtes Umfeld ist ja nur eine Spiegelung unseres SOSEINS, unserer Gedanken, Gefühle und unseres Tuns. Dies obliegt dem ganz einfachen Gesetz der Ursache und Wirkung und es funktioniert immer.

Bewusstsein ist nicht ein TEIL des Menschen, es ist das, was den Menschen hervorbringt und funktionieren lässt. Man hört immer wieder Menschen sagen, dass der Mensch Bewusstsein hat. Sie sind Bewusstsein und der Körper, den Sie irrtümlich als MEINEN Körper bezeichnen, ist nur ein Abbild des Bewusstseins. Es ist eine von unzähligen Darstellungsformen.

Wir sind zeitlose Wesen, die in eine zeitlich begrenzte, menschliche Erfahrung eingetreten sind.

Bewusstsein ist das Einzige, zu dem wir wirklich „ICH" sagen können. Natürlich können wir auch unseren Körper so bezeichnen, doch weder heißt er ICH, noch ist er dieses. Körper, Verstand, Ego, Gedanken, Gefühle etc. sind Instrumente, die uns befähigen zu uns selbst zurückzufinden. Ohne diese Instrumente, könnten wir uns nicht als das eine SELBST erkennen. Wir sind eine Verkörperung des ALL-BEWUSSTSEINS, ein individualisierter, aber ungetrennter Teil des einen SEINS. Das, was bleibt, was immer schon war und immer sein wird, wenn wir den Körper eines Tages ablegen und die Inkarnation beenden.

Das Universum nimmt an, dass wir das wünschen, worauf wir unsere Aufmerksamkeit richten. Warum sollten wir sie auf etwas richten was wir nicht wollen? Aus Angst natürlich, doch dieses Verhalten ist durchaus nicht göttlich. Das Universum liefert uns also immer das, wonach wir trachten, uns umschauen und vor allem WORÜBER wir nachdenken. Doch wir denken ständig über das nach, was uns Sorgen bereitet, oder was wir eben nicht haben wollen. Auch das, was wir aussprechen wird geliefert, doch unsere unzähligen Verneinungen in der Aussprache sind dafür verantwortlich, uns meistens das Gegenteil zu liefern.

Also beginnen wir damit BEWUSST und vor allem gezielt zu „wählen", indem wir sorgsam mit unseren Worten, Gefühlen und Gedanken umgehen.

Dies sollte ständig überprüft werden und das bedeutet auch ACHTSAM zu sein. ACHTSAM zu sein in ALLEM, ist der Schlüssel zur Erfüllung.

 IE „ILLUSION DES ICH"

Wenn sich ein individualisiertes Bewusstsein für eine Inkarnation entscheidet, dann mit der Absicht, ganz bestimmte Erfahrungen zu machen. Dazu benötigt es ein „Erfahrungsinstrument", das als Körper fungiert und mit Verstand und einer Persönlichkeit funktions- und überlebensfähig wird. Sehr bald aber erlebt sich dieses „Erfahrungsinstrument", das eigentlich nur ein Werkzeug ist, als etwas EIGENSTÄNDIGES. Es beginnt die Rolle des „ICH" zu übernehmen, obwohl es damit gar nichts zu tun hat. **Dieses falsche „ICH" will die Dinge nicht nur erfahren, sondern bestimmen.** Da alle Handlungen DURCH das Ego geschehen, glaubt es, es SEI der Handelnde und versucht, das Leben aus seiner begrenzten Sicht zu bestimmen.

Das Ego *beurteilt alles und will immer Recht behalten.* Dafür kämpft es mit Schuldzuweisungen, Vorwürfen und will das Recht auf seiner Seite haben.

Das Ego *ist süchtig nach Erfolg und Anerkennung. Es ist der Ehr-Geiz, der es antreibt.* Es strebt nach Macht, will herrschen und siegen. Das sind alles Zeichen seiner Angst und es ist das Erkennen der eigenen Kleinheit und Begrenzung.

Das Ego *ist eitel, fährt gerne das neuste Automodell und liebt Führungspositionen und Auszeichnungen. Es* möchte ständig gelobt werden. Kritik mag es dagegen gar nicht leiden, obwohl es nur daraus lernen könnte.

Das Ego *fällt sein eigenes Urteil, das oft ein Vorurteil für Wissen und Erkenntnis ist.* Dieses Urteilen führt auch zu einer Ablehnung alles scheinbar „anderen".

Das EGO *lebt in der Illusion der Trennung und glaubt, dass es sich und andere gibt, da es die Einheit nicht erkennen kann.* Es lehnt alles „Höhere" und „Bessere" grundsätzlich ab, vor allem das hohe SELBST, weil es sich dagegen minderwertig fühlt.

Das Ego *sucht ständig Ablenkung und Unter-*
haltung, um bei Laune zu bleiben. Es will geliebt
werden und versucht die innere Leere mit Aktivität, Begegnungen, allerlei Dingen und Ereignissen
zu füllen.

Das Ego *will das, was es scheinbar erreicht*
hat, festhalten und verhindert so NOT-wendige
Veränderungen. Es hält an seinem Standpunkt und
an seinen Ansichten fest und glaubt, dass es immer
Recht haben muss.

Das Ego *ist sehr empfindlich, weil es alles als*
Angriff empfindet, was nicht klar als Kompliment
und Beifall erkennbar ist. Es neigt zu Einseitig-
keit, weil ihm das ein Gefühl von Sicherheit gibt.

Wie das Feuer ist auch das Ego ein wunderbarer
Diener, aber ein miserabler Herr und wird genau so
wie das Feuer gefährlich, wenn es außer Kontrolle
gerät. Es kann sehr hilfreich sein und eine Menge
für uns tun, aber ebenso kann es alles zerstören,
wenn es nicht kontrolliert und geführt wird. Durch
Lob lässt es sich ganz leicht führen, denn darin
fühlt es sich wohl.

 WER BIN ICH?

 Als WER erlebe ich mich? Als Körper? Als Mensch, als der Denker oder als der, der TUT? Bin ich meine Gefühle oder meine Worte, oder gar nichts von beiden?

 Was ich nicht sein kann, weil das alles nicht aus sich heraus bestehen, existieren und funktionieren kann:

 Der Körper, der Verstand, meine Persönlichkeit, meine Gefühle, meine Taten und mein EGO.

 Das alles HABE oder NUTZE ich nur vorübergehend, um mich selbst zu entdecken. Es sind meine

„Erfahrungsinstrumente", aber sein kann ich das ganz bestimmt NICHT.

 Was ich bin, das ist das größte und wunderbarste Bewusstseinsfeld, das es gibt. Es ist die Quelle selbst, der Ursprung ALLER Dinge.

 ICH BIN vollkommenes, ewiges SEIN – reine Existenz.

 ICH BIN ein ungetrennter Teil des „EINEN SEINS".

 ICH BIN unsterblich, unsichtbar, „Alter–los" und „KARMA–frei".

 ICH BIN ein bewusster Schöpfer meiner Lebensumstände.

 ICH BIN die „liebevolle Präsenz des SEINS".

 ICH BIN in JEDEM Augenblick vollkommen.

 ICH BIN ein „Botschafter des SEINS" der sich vorübergehend in der „Illusion der Realität" aufhält.

 ICH BIN hier nur vorübergehend „zu Gast".

 ICH BIN grenzenlos, allumfassend und EINS. Mein Körper und mein ganzes Leben sind ein vollkommener Ausdruck der „Vollkommenheit des SEINS".

 ICH BIN dankbar für das „Geschenk zu leben" und sehe es als Privileg, das LEBEN erleben zu dürfen.

 ICH BIN ein Energiefeld mit einer „individuellen Schwingung", meiner „energetischen Signatur". Ich bin nicht WER oder WAS – denn ICH BIN.

 ICH BIN hier, um mir meine „natürliche Vollkommenheit" bewusst zu machen und „in Besitz" zu nehmen, und mein „geistiges Erbe" anzutreten.

 ICH BIN NICHTS und ALLES zugleich.

 ICH BIN die Leere und die Fülle.

 ICH BIN das ZUHAUSE von GOTT.

 ICH BIN immer vollkommen gesund, denn mein SELBST kann gar nicht krank werden. Ich war immer, und werde immer SEIN, denn ICH BIN.

 ALLES ist das EINE, das ICH BIN.

 Ich KANN jederzeit in die „natürliche Vollkommenheit des SEINS" eintreten, das ICH BIN ist bereits eingetreten.

DIE KRAFT UNSERES ENERGIEFELDES

Von unserem Herzen ausgehend umgibt uns ein elektromagnetisches Feld. Es hat einen Durchmesser von etwa 3 Meter. Wann immer wir jemandem begegnen, tauchen wir in sein Energiefeld, in seine Schwingung ein und er auch in unsere Schwingung. Für die Zeit des Miteinanders entsteht so ein gemeinsames Energiefeld einer Schwingung. Dieses Feld wird noch mächtiger, wenn ganz viele Menschen versammelt sind oder sich zusammentun, und ihr Bewusstsein auf eine Sache richten. So teilt JEDER dem anderen seine Schwingung mit und empfängt die Schwingung des anderen, bis daraus EIN FELD mit einer gemeinsamen Schwingung geworden ist. **Wenn wir gleich denken und fühlen, wenn also Gedanke und Gefühl im Herzen eins sind, wirkt die EINE KRAFT unermesslich.**

Jesus sagte: „Wenn auch nur zwei „in meinem Namen" versammelt sind, werde ich mitten unter ihnen sein". „In meinem Namen" bedeutet soviel wie in seinem Geist – in dem EINEN SEIN. Wir sind dann energetisch nicht mehr „Ich" und „Du", sondern ein und dasselbe, nämlich das EINE. Man sagt, dass sich beim Fall der Mauer, Tausende von Menschen auf das ein und dasselbe konzentriert haben.

Der Erfolg kann sich sehen lassen. Aber es funktioniert auch umgekehrt. Wenn Tausende Menschen z.B. gegen einen Politiker sind und ihm alle Ihre Energie und Aufmerksamkeit schenken, dann spielt es keine Rolle, welche Form diese Energie hat (negativ oder positiv). Wenn sich unzählige Menschen gegen etwas aussprechen oder vor etwas fürchten, verstärkt sich dieses Energiefeld nur. Dies bedeutet für unser von Angst und Zweifel geschürtes Massendenken, dass das Leid dadurch noch verstärkt wird und sich daraus „ernähren" kann.

Wenn wir jetzt einmal gemeinsam Dankbarkeit für die Erfüllung, die „Energie der Gewissheit der Erfüllung", im Herzen fühlen, dann ist es bereits geschehen, bevor wir dem Leben die gewünschte Form der Erfüllung geben.

Wir FÜHLEN Dankbarkeit für die Erfüllung unserer Absicht und bleiben so lange in der „Gewissheit der Erfüllung", bis sie als unsere erlebte Realität „in Erscheinung" tritt. Die Gemeinsamkeit wirkt hier fast unglaublich stark, doch wir nutzen auch dieses Potential zu wenig. Nehmen wir uns den Traum der vollkommenen Liebe doch gemeinsam zu Herzen und erfüllen wir ihn durch unsere Präsenz und ANWESENHEIT auch gemeinsam. Für jeden Einzelnen bedeutet dies, kurz seine Aufmerksamkeit auszurichten. Dabei muss nicht einmal etwas „GETAN" werden.

Wenn man diese paar Augenblicke mit ein paar Milliarden Menschen multipliziert, traut man sich kaum daran zu denken, was alles möglich wäre.

Es ist an der Zeit, am gleichen Strang zu ziehen und aus der TRENNUNG in die Einheit zu kommen. Das scheinbare GETRENNT-SEIN zu überwinden und das DAHINTER als EINES zu erkennen, das sich zwar als VIELES zeigt, aber immer nur EINS sein kann.

DIE UMSTELLUNG AUF „LICHT-NAHRUNG"

Diese besondere Zeit erfordert auch besondere „Lebensmittel". Das was die Mehrheit der Menschen zu sich nimmt, sind eher Sterbemittel, als LEBENSMITTEL. Lichtnahrung bedeutet ursprünglich nicht unbedingt NICHTS zu essen, sondern Nahrung zu sich zu nehmen, die viel Licht in sich abgespeichert hat. Das sind auch Gemüsearten, die viel SONNE abbekommen haben, doch am besten geeignet ist heimisches OBST, welches genug Sonne getankt hat, um sie an uns weiterzugeben. Dass das Obst nicht behandelt sein soll, versteht sich von selbst. Wussten Sie, dass manche Äpfel bis zu 5 Jahren in Gasbehältern gelagert und im Supermarkt verkauft werden dürfen. Wenn Sie das nächste Mal in einen Apfel beißen, dann denken Sie daran, sich bei Ihrer Wahl der Sorte lieber nach der Region auszurichten, sonst könnten auch Sie einen Apfel verzehren, der so gut wie keine Nährstoffe mehr enthält. Was gut aussieht, muss nicht immer gut und gesund sein.

Unser erwachender Lichtkörper braucht Nahrung, in der eine hohe Lichtqualität gespeichert ist, sodass sich auch unsere Ernährungsgewohnheiten ändern. Wir spüren einfach, dass die bisherige Nahrung einfach nicht mehr stimmt. Entscheidend ist der Gehalt an Bio-Photonen. Aber auch durch Segnen können wir die Schwingung unserer Nahrung deutlich erhöhen.

Wir nehmen mit der Nahrung auch die darin enthaltene Bio-Information auf und die wird ein Teil unseres Körpers und damit unseres Lebens. Solange wir Fleisch essen, nehmen wir daher auch die Lebens-Information der Tiere auf. Je mehr der Mensch zu sich selbst erwacht, umso mehr wird er auf natürliche Produkte umsteigen. Doch auch die so genannten gesunden, bereits erwähnten Obstsorten, sind nicht mehr das, was sie früher waren. Das Obst hat nur noch einen Bruchteil der früheren Vitalstoffe, weil der Boden ausgelaugt ist und nur ein Teil als Kunstdünger hinzugefügt wird. Dadurch leiden wir an einem akuten Mangel, selbst wenn wir uns „gesund ernähren". Dieser Mangel wiederum weist uns zwingend darauf hin, dass eine Änderung erforderlich ist.

Schon seit Jahren spüre ich, dass unsere Nahrung nicht wirklich „stimmt". Die Schwingung entspricht nicht mehr meinem SOSEIN. Ich fand lange keine „stimmige" Nahrung. Sicher haben Sie schon gehört, dass es Menschen gibt, die über Jahre hinweg nichts essen oder sich ganz bewusst nur von Licht ernähren. Das ist zwar unsere eigentliche Nahrung (JEDER ernährt sich auch jetzt schon unbewusst zu einem wesentlichen Teil davon), aber solange wir noch in der Schwingung der Materie sind, brauchen wir auch noch physische Nahrung. Wenn wir uns zu schnell umstellen, macht der Umstellungsprozess große Schwierigkeiten und die meisten müssen aufgeben, weil es einfach nicht durchzuhalten ist.

In Wirklichkeit ist die natürliche Umstellung ganz einfach und ohne jede Schwierigkeit. Der erste Schritt ist die bewusste Entscheidung, die nicht aus dem Kopf kommt, sondern einfach da ist. Sie werden den Kühlschrank öffnen und plötzlich wissen, dass Sie in Zukunft zum Beispiel keine Milchprodukte mehr essen werden. Sie werden nicht wissen, warum das plötzlich so ist. Es wird dann geschehen, wenn es an der Zeit ist und für Sie stimmt. Solange Sie von dem Bedürfnis „etwas nicht mehr zu essen" nicht überfallen werden, hat es auch gar keinen Sinn, etwas umzustellen.

Man stellt die Ernährung nicht um, weil man es tun will, sondern die Ernährung stellt sich um, wenn es so sein soll.

Viele Menschen wollen nur Aufmerksamkeit bekommen und fühlen sich gut, wenn Sie sagen, dass Sie sich nur von Licht ernähren. Das aber ist unsinnig. Auch die Frage: „Wie ernährst du dich?" ist überflüssig, denn jeder Mensch nimmt IMMER die Nahrung zu sich, die seinem Bewusstsein entspricht. Es erübrigt sich die Feststellung, dass die Mehrheit der Menschen immer noch Fleisch isst und sich nicht daran stört, dass Tiere dafür elendig zugrunde gerichtet werden. Doch jeder macht seine Erfahrung und wenn man plötzlich zum Vegetarier wird, muss man auch nicht über die anderen richten. Lassen Sie alle Menschen Ihre Erfahrungen machen, dann sind Sie stets am passenden Weg.

Wenn in Ihnen nun die Entscheidung gereift ist, sich einer neuen Ernährung zu widmen, dann können Sie folgenden Schritt nutzen: Richten Sie Ihre Aufmerksamkeit ganz bewusst auf höher schwingende Energien. Das ist nicht nur Licht, sondern auch Musik oder das Anschauen von schönen Bildern, ein Sonnenuntergang, das Zwitschern der Vögel, das bewusste Riechen von Obst oder auch ein gutes Gespräch mit einem lieben Menschen etc.

Indem wir unsere Aufmerksamkeit auf höhere Schwingungsfelder richten, wird sich auch das Bedürfnis der Ernährung neu ausrichten. Sie bemerken das daran, dass Sie Ihre normale Ernährung ganz allmählich verschmähen und von selbst umstellen, indem Sie zunächst Unstimmiges weglassen werden. Einige Dinge werden langsam von Ihrem Menüplan verschwinden und andere wiederum radikal verschwinden. Wenn Sie Ihre normalen Portionen trotz Unlust am Essen trotzdem weiter essen, nehmen Sie plötzlich zu. Sie brauchen einfach immer weniger von der physischen Nahrung, bis Sie sich irgendwann ganz natürlich und ohne jede Umstellungsschwierigkeit nur noch von höher schwingender Energie ernähren.

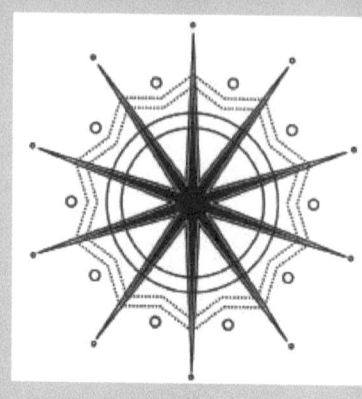

GEISTIGES FASTEN

Schon in der Bibel heißt es: „Der Mensch lebt nicht vom Brot allein". Wir ernähren uns zu einem großen Teil geistig von Licht, Energie, Schwingung, von Erlebnissen etc. Das nährt unser wahres Wesen. So wie unser Körper nicht ständig essen kann, so können auch wir geistig nicht ständig Eindrücke aufnehmen und brauchen Zeiten des Fastens.

Beim geistigen Fasten verdauen wir das, was wir „aufgenommen" haben ebenfalls und lassen das, was nicht mehr zu uns gehört, einfach los, respektive hinter uns. Dazu gehört auch, dass wir bestimmte geistige Nahrung loslassen, wie z.B. das Ärgern, das Erleben von Stress, negative Gedanken etc. Damit schaffen wir Raum für unsere eigentliche Nahrung.

Optimales, bewusstes Atmen, klare Gedanken und reine Gefühle gehören auch dazu. Das worauf wir unsere Aufmerksamkeit richten, was wir uns anschauen, anhören und womit wir uns verbinden, sollte sorgfältig auserwählt und stets überprüft werden. Was wir „erwählen" und somit in unser Leben „einladen", wird immerhin Teil unseres Lebens werden. Wer will schon ein Leben, das aus allen Nähten platzt und vor lauter Ballast und Anhäufungen immer schwerer wird? Es gibt viele Menschen, die sich wünschen, dass ihr ganzes Hab und Gut in einen Koffer passt. So ist man ungebunden und frei und kann jederzeit dort hin, wo man hin möchte. Auch wenn man im INNEREN immer frei ist, ist es dennoch ein gutes Gefühl, WENIG zu haben. „Wer nichts hat, dem kann auch nichts genommen werden". Auch wenn man nichts wirklich „besitzen" kann, ist das doch ein wunderbarer Spruch, der nur von wenigen Menschen geschätzt und verinnerlicht werden kann. Teil des geistigen Fastens sind Achtsamkeit, bewusstes Wahrnehmen und das Segnen. Auch Bewusstes „Fasten" von Gewohnheiten, die für einen nicht mehr stimmig sind und bewusstes „Fasten" von alten Verhaltensweisen, Mustern und Programmen ist ebenfalls empfehlenswert. So werden wir auch im AUSSEN frei und von ALTEM befreit, das bedeutet wirklich im JETZT zu leben und das zu tun, was JETZT zu tun ist. Wer die Vergangenheit einfach „wegfastet", der fühlt sich in jeder Hinsicht frei.

Freier zu werden bedeutet gleichsam BEWUSSTER zu sein. Dann werden wir auch spüren, was unser Körper und unsere Seele für das Leben brauchen. Wir werden erkennen, was Ihnen gut tut und was ihre Bedürfnisse sind. Auch werden wir sehen, was unser Leben wirklich bereichert und was sich auf unser ganzes DASEIN segensreich auswirkt. Der nächste Punkt ist das bewusstes Fasten von Pflichten, Schmerzen und Leid. Von längst überholten Emotionen, Bewertungen und Urteilen. Jedes „MUSS" sollte JETZT aus dem Leben entfernt werden und wir sollten uns endlich unseren Bedürfnissen widmen. Dann lassen wir bewusst alles los, was unser Leben erschwert und nicht wirklich bereichert. Das, was mich jetzt nicht glücklich macht, wird mich auch in Zukunft nur belasten. Werfen wir also allen Ballast über Bord und nehmen wir das geistige „Fasten" genauso wichtig, wie wir es mit den körperlichen Enthaltsamkeiten tun würden.

Auch das „Verzichten" können wir loslassen, denn wir brauchen auf nichts zu verzichten. Entweder lassen wir die Dinge einfach beiseite, weil es uns leicht fällt oder wir behalten sie. Verzicht ist ein Zwang. Geistiges oder körperliches Fasten sollte kein Verzicht, sondern ein Bedürfnis sein. Wenn Sie das Gefühl haben, auf irgendetwas in Ihrem Leben verzichten zu müssen, dann machen Sie etwas falsch. Auch bewusstes Fasten von schlechter Laune, Unlust oder „nicht gut drauf sein" etc. kann sehr heilsam sein, aber auch bei überholten Beziehungen, Freunden oder Bekannten, die gar nicht mehr zu einem gehören, kann „abgespeckt" werden. Am Schluss möchte ich noch das bewusste Fasten von JEDER Sucht, wie Rauchen, Alkohol, Fernsehen etc. erwähnen, obwohl die alle wohl an erster Stelle stehen müssten. Alles was nicht leicht losgelassen werden kann, sollte liebevoll angenommen werden. Wenn Sie sich Dinge erlauben und kein schlechtes Gewissen mehr haben, etwas zu tun, was Ihnen scheinbar nicht mehr gut tut, wird es sich ganz von selbst verabschieden. Wann? Wenn der Zeitpunkt stimmt und wenn es Ihrem Bewusstsein entspricht. Haben Sie Geduld mit sich selbst und erzeugen Sie keinen Druck. So funktioniert es spielerisch und mit Leichtigkeit. Bewusstes Fasten von Unbewusstheit ist das Eintreten in das EINE SELBST. Und im klaren Bewusstsein „geschieht" ohnehin, was gerade ST1MMT!

VOLLKOMMENE VERGEBUNG

Es geht nicht nur darum, sich und anderen zu vergeben, denn in erster Linie gilt es zu erkennen, dass ich mich, oder den anderen verurteilt habe. Ich habe daher gar nichts zu vergeben, sondern sollte mich für meine Verurteilung „entschuldigen" und mein Urteil auflösen. Habe ich das gemacht, dann gibt es auch nichts mehr zu vergeben. So etwas wie Schuld, gibt es nicht. Wenn ich jemanden beschuldige, dann zeigt das nur auf, dass ich in meiner Unzulänglichkeit die Dinge nicht sein lassen kann. Bin ich mit etwas oder jemandem nicht einverstanden, dann geht es nicht darum, dies oder den anderen zu ändern, sondern meine Einstellung zu überprüfen. Warum hat der Bekannte nicht dasselbe Problem wie ich? Weil es ihn nicht betrifft? Mag sein, aber er hat vielleicht auch eine andere Sichtweise, die weniger begrenzt ist.

Vergebung sollte zunächst bei mir beginnen. Da gibt es viele Dinge, für die ich mich selbst verurteilt habe und die mich an dieses Urteil binden. Indem ich durch mein ganzes Leben gehe und JEDES Urteil auflöse, werde ich wieder frei. Das verändert meine AUSSTRAHLUNG, meine „energetische Signatur" ganz deutlich. Das verändert auch meinen „Dauerauftrag an das Leben", damit meine Lebensumstände und mein ganzes Schicksal. Erst wenn ich mir selbst vergeben habe, kann ich anderen vergeben. Oder besser gesagt, erst wenn ich erkenne, dass es nichts zu vergeben gibt und ich zukünftig den Dingen gegenüber eine andere Stellung beziehe, kann sich dieses Thema der Schuld endgültig erlösen.

ALLE Menschen, die ich beschuldigt oder verurteilt habe, sollte ich aus dieser Schuld entlassen. Ich ent-binde diese Begegnungen von meinem Urteil und löse damit auch wieder unsere Bindung auf, die sonst in einem gemeinsamen Schicksal durchlebt werden müsste. Wenn ich einem anderen nicht mehr begegnen möchte, dann sollte ich diese Bindung durch mein Urteil auflösen und uns beide davon befreien. **Ganz besonders, wenn ich einem andern in Liebe verbunden bin, sollte ich diese Beziehung von jedem Urteil befreien, damit wir uns in Freiheit begegnen können und nicht immer wieder alte Muster durchleben.** Unsere Beziehung wird dadurch erst wirklich lebendig und sich immer wieder neu gestalten. So kann JEDER für JEDEN zum „Tor der Befreiung" werden, indem man den anderen vollkommen urteilsfrei ansehen und erkennen kann. Dann folgt die Erkenntnis: „Die einzige Schuld, die zwischen uns stand, war das eigene Urteil." Nur die Auflösung des Urteils führt UNS zur wahren Freiheit. Der andere ist immer nur der „Bote des Lebens", der uns diese „bestellte" Erfahrung überbringt. Er hat daher unser Urteil nicht verdient, sondern vielmehr unseren Dank, denn auch für ihn ist es nicht immer angenehm. Er hat uns einen Gefallen getan, nämlich uns an uns selbst erinnert. Wenn wir das nicht erkennen können, ist es schließlich nicht seine Schuld. Wenn wir diese Sichtweise verinnerlicht haben, dann erlöst sich auch die Schuld. Erst dann ist der Weg frei für die bedingungslose Liebe. Der sicherste Weg dahin ist es, überhaupt nicht mehr zu urteilen, dann haben wir auch nichts mehr zu vergeben. Das ist anfangs nicht ganz leicht, weil unser Verstand sofort urteilt, bis wir ihm eine neue Aufgabe geben und es uns durch die „Macht der Wiederholung" zur Gewohnheit gemacht haben, einfach nur wahrzunehmen. Zu sehen was IST ohne jedes eigene Urteil, wird von jeglicher Schuldzuweisung befreit sein. Damit bleiben wir in der Wirklichkeit und es gibt nichts mehr, was wir uns oder einem anderen vergeben könnten.

„SEGENSREICH" LEBEN

Segensreich leben heißt, ALLEM und JEDEM, der mir begegnet, zum Segen zu werden. Ich kann mich immer wieder fragen, wie ich das Leben des anderen, des Gegenübers, meines Umfelds, ja der ganzen Welt segensreich verändern kann. Segensreich zu leben bedeutet, ALLES was ich tue, als ICH SELBST zu tun – aus dem SELBST heraus zu wirken, anstatt aus dem ICH heraus der Täuschung zu erliegen, der Handelnde zu sein. STÄNDIG bei ALLEM „SELBST-bewusst-SEIN", heißt auch, dass ich in meinem Wahren SEIN verweile und als diese wunderbare Kraft, die Welt, meinen Alltag, ja alles was ist, erfülle. Wenn ich aus der Wirklichkeit des Wahren SEINS lebe, dann wird alles Tun segensreich sein.

Wer noch in der ICH Identität verhaftet ist, beginnt am besten damit segensreichs zu leben, indem er Menschen, Dinge, Situationen, Tiere etc. mehrmals täglich segnet. Vorerst segnet man noch das scheinbar andere. Irgendwann erkennt man in jedem Gegenüber nur sich selbst als Quelle des eines SEINS und dann wird das SEGNEN als „bewusste Handlung" überflüssig.

Dann bin ich der Segen und erhebe unbewusst alles zum Segen, was mir widerfährt oder gegenübertritt.

Wir beginnen damit, ALLES, was wir essen und trinken zu segnen.

Wir segnen unsere Familie und ALLE Aspekte unseres täglichen Lebens.

Wir segnen unser Tun, ganz gleich ob wir damit einverstanden waren oder nicht. Auch Taten, die wir im Nachhinein nicht so schön finden, sollten gesegnet werden.

Wir segnen unsere Gedanken und Gefühle, auch wenn Sie nicht ganz rein und teilweise überflüssig sind.

Wir segnen das Schicksal, was ist, was kommen wird und was war, wie auch immer sich das dargestellt hat oder auch zeigen wird.

Wir segnen das Geld, das wir aus den Händen geben, mit der Bitte, dass es mit vielen Freunden zu uns zurückfließen soll.

Wir segnen aber auch die Schulden oder Geldverluste oder den, den wir beschuldigen, uns etwas genommen zu haben.

Freunde zu segnen ist einfach. Menschen zu segnen, die uns scheinbar nicht so gut gesinnt sind, fällt weniger leicht. Aber gerade hier kann der SEGEN äußerst heilvoll sein und ein „aufgestautes Energiefeld", das unser Leben blockiert, erlösen.

Wir segnen nicht nur unsere Gesundheit, sondern auch das, was wir Krankheit nennen. Nur wer in die Krankheit eintaucht und tief in sie blicken kann, wird das EINE, das „Gute" darin entdecken können.

Wir segnen JEDES Gespräch, das in der Firma, zuhause oder am Telefon. Gleichzeitig schließen wir den anderen Menschen mit ein und dehnen diesen Segen auf mein, sein und unser gesamtes Umfeld aus, bis es die ganze Welt umspannt.

Wir segnen all das, was wir Probleme, Hindernisse, Schwierigkeiten oder Misserfolge nennen und lassen uns nicht mehr davon beeinflussen oder irritieren. Eine Sache ist immer erst dann abgeschlossen, wenn sie liebevoll und segensreich beendet ist. Segensreich zu leben heißt, ALLES was ich tue zu einem segensreichen Abschluss zu bringen, auch wenn ich die Umstände als nicht optimal empfinde.

Wir segnen diesen Tag und jeden einzelnen Augenblick. Wir lieben und segnen dankbar das wunderbare „Geschenk" leben zu dürfen.

Wir segnen die Freude, die nun jeden Augenblick dazu eingeladen ist, sich auch in misslichen Situationen zu zeigen.

$\mathcal{D}$IE „PRÜFUNG"

Angekommen in mir SELBST bin ich dann, wenn ich „versetzt" worden bin. Doch zuvor haben wir eine Prüfung zu bestehen. Dabei sind wir, ohne es zu bemerken der Prüfling UND der Prüfende gleichzeitig. Wir müssen also vor uns SELBST bestehen.

<u>Es gibt nur EINE PRÜFUNGSFRAGE:</u>
Worauf richten Sie überwiegend Ihre Aufmerksamkeit?

Auf die selbst erschaffene und selbst benannte Realität, oder auf die Wirklichkeit des SEINS. Leben Sie überwiegend als ein persönliches „ICH", oder als Sie SELBST? Das sind zwei grundverschiedene Einstellungen, aus denen heraus Sie funktionieren können. Wichtig ist auch sich einmal bewusst zu machen, woran Sie noch fest hängen. Was BINDET Sie an die Realität? Ist es Ihre Beziehung, Sex, Geld, Erfolg, zuviel an ungesundem Essen, Besitz etc. Woraus haben Sie sich befreit und was blockiert Sie noch? Seien Sie ehrlich zu sich und fragen Sie sich, ob Sie bereit sind alles LOSZU-LASSEN, um für die nächste Dimension bereit zu sein? Sie müssen nicht in Armut leben oder nichts besitzen dürfen. Sie dürfen hier auf ERDEN alles nutzen, doch wenn es morgen weg wäre, dann sollten Sie sich nicht daran stören.

Die Materie an sich ist nichts Schlechtes, denn alles ist dazu da, um erfahren und durchlebt zu werden. Es ist nur die Anhaftung, die uns einschränkt.

Einige Menschen werden behaupten, dass noch gar keine Prüfung stattgefunden hat und dass gar nichts passiert ist. Und sie haben Recht. Sie sind gar nicht erst zur höchsten Prüfung zugelassen worden, weil Sie die „Prüfung des Alltags" weder erkannt, noch bestanden haben. Das macht aber nichts. So geht es halt in die nächste Runde, um weitere 26000 Jahre in der selbst erschaffenen, individuellen Realität zu leben. Es wird all das Unerkannte und Unaufgelöste noch einmal erlebt, um als ILLUSION erfahren zu werden. Wer glaubt, dass sein Leben real ist, wird in die nächste Runde eingeladen. Es ist wiederum die Chance und die Erfahrung, sich als sich SELBST zu entdecken. Es ist Zeit genug für weitere 100 Inkarnationen, oder sogar noch mehr.

Das Gehirn ist ein Empfänger für Bewusstsein – für das EINE Bewusstsein. Aber es kann nur seine individuelle Frequenz empfangen, wodurch das EINE individualisiert wird, obwohl es immer ungeteilt das EINE bleibt. Unsere Aufgabe ist es, das Ziel der Evolution zu er-finden. Es ist die Aufgabe, aus einer Vielzahl von Möglichkeiten UNSER Ziel zu erkennen. Ist das Ziel erkannt, dann findet sich auch ein Weg. Und hier folgt die Prüfungsfrage:

Leben Sie ein liebevolles und segensreiches Leben? Wenn NEIN, fragen Sie sich: „Warum nicht? Bin ich bereit, das JETZT zu ändern?" Der erste Schritt ist der größte, der wichtigste, aber auch der einfachste, denn es geht nur darum innerlich BEREIT zu sein. Also noch einmal: Sind Sie JETZT dazu bereit? Es tut nicht weh und es geschieht nichts Außergewöhnliches. Es bedarf nur der BEJAHUNG, dass Sie Ihren Auftrag, Ihren göttlichen Plan annehmen und sich danach ausrichten, sich als das EINE SELBST zu erfahren. Das Leben bleibt gleich, doch die Qualität verändert sich.

Sie müssen nicht mehr Tausenden von Dingen nachjagen, die Sie für wenige Momente glücklich machen, sondern Sie machen sich auf, etwas genauer hinzusehen, um das GLÜCK in allem zu entdecken.

Ab dem Moment, ab dem Sie sich DAFÜR entschieden haben, ist die Entwicklung eigentlich ein Selbstläufer, wobei Sie einfach immer nur Ihre Aufmerksamkeit nach INNEN lenken, neu ausrichten und immer wieder von Oberflächlichkeiten abziehen.

DIE NÄCHSTE DIMENSION

Wenn wir die Prüfung vor uns SELBST bestanden haben, war dies unsere letzte „In-karnation" und wir gehen in die nächste Dimension des SEINS über. Dann erkennen wir, dass ALLES „Bisherige" nur die Vorbereitung darauf war, was nun geschehen darf. Es kommt zu einer Bewusstseins-erweiterung und so erleben wir eine andere Frequenz des SEINS und somit auch eine ganz andere Welt.

Gesetze und Vorschriften werden überflüssig. Lüge, Täuschung und Unwahrheiten sind nicht mehr möglich, weil JEDER die Wirklichkeit hinter dem Schein erkennt. Aber auch Konkurrenz, Wettbewerb und Kriege werden sich erlösen, weil keiner mehr mitmachen wird. Es gibt auch keine Meinungen, Ansichten, Standpunkte, Argumente und Diskussionen mehr, sondern nur noch ein gemeinsames Erkennen, dessen was IST.

Vieles, was uns hier vertraut und selbstverständlich erscheint, gibt es nicht mehr. Geld, Besitz, Eigentum und Vermögen wird einfach nicht mehr gebraucht und natürlich gibt es keinen Streit, weil ALLE erkennen, was stimmt. Es gibt auch keine Krankheit mehr und kein Altern, weil Bewusstsein nicht krank werden kann und auch kein Alter kennt. Niemand „stirbt", aber er steigt weiter auf, sobald er bereit dazu ist. Wir müssen auch nicht mehr arbeiten, um unseren Lebensunterhalt zu verdienen. Wir ernähren uns von kosmischer Energie, die unbegrenzt zur Verfügung steht und brauchen auch kein Haus. Erfolg und Wohlstand haben eine ganz andere Bedeutung. Wir bewegen uns frei mit der Kraft des Geistes, denn auch Zeit existiert nicht mehr. Es ist STÄNDIG „Jetzt"! Was „geschieht" ist eine ewige Bewusstseinserweiterung, bis unser Bewusstsein wieder allumfassend ist. Es gibt kein „Ich", kein „Du, und keine anderen mehr, sondern nur das EINE SEIN. In der Vielfalt seiner Formen ist ALLES das EINE SEIN und wir sind bewusste Energie – ganz natürliches, unsterbliches, ewiges SEIN. Es gibt kein „Energieproblem", ja es gibt überhaupt keine Probleme mehr. So etwas wie Probleme gab es eigentlich ja auch schon vorher nicht, obwohl wir wohl eine besondere Gabe haben, aus allem ein Problem zu machen. Alle Werte verschieben sich. Manche verschwinden ganz und haben keine Bedeutung mehr. Andere wiederum werden eine ganz neue Bedeutung bekommen, wie z.B. der „Erfolg". Wir messen uns nicht mehr am anderen, sondern sind unser eigener Maßstab.

Erfolg ist nur eine Erweiterung des Bewusstseins, eine neue Erkenntnis, die wir gern mit allen teilen.

Das alles ist unser wahres Wesen. Wir müssen uns gar nicht ändern, nur „hervortreten", um das zu SEIN, was wir WIRK-LICH sind. Wir erkennen, dass wir von Anfang an das EINE waren und sich daran nichts ändern wird. Wir sind vollkom-menes und ewiges SE1N.

ZUSAMMENFASSUNG: AUFBRUCH IN DIE NÄCHSTE DIMENSION

Die Welt ist das, was das kollektive Bewusstsein ALLER Menschen gemeinsam daraus macht, aber Ihre Welt bestim-men ganz allein SIE SELBST. Das bedeutet Ihr SOSEIN formt Ihre Umstände, die Sie als Mensch auf der Erde erfah-ren. Auch Sie haben die Wahl getroffen, in eine turbulente Zeit hineingeboren zu sein. Offensichtlich entspricht das der Erfahrung die Sie machen möchten, sonst wären Sie nicht hier. Das Jahr 2012 ist zwar die Zeitenwende, aber es wird viele Jahre dauern, bis die neue Welt „geworden" ist. Sie sind dabei nicht nur Zeuge, sondern eingeladen, diese Welt mit zu gestalten! Sie können aber das Außen nur in dem Maße ändern, wie Sie bereit und fähig dazu sind, sich SELBST zu erkennen. Die Welt wird innen erschaffen und tritt außen nur „in Erscheinung", deshalb sind wir eigentlich das, was die Welt nach außen projiziert und nicht die Projektion, für die wir uns irrtümlich halten. Diese Zeitenwende kostet Sie alles, nämlich Ihre bisherige Lebenseinstellung, Ihr Weltbild, Ihre Sichtweise, Ihre Begrenzungen, Ihre Unwissenheit und Ihr Selbstbild. Wenn wir die richtigen Entscheidungen „treffen", ist dies unsere letzte Inkarnation – unsere letzte Runde in der Materie, der „Illusion der scheinbaren Realität". Dabei verabschieden wir uns von der „Schule der Materie" und treten in die „Universität der 5. Dimension" ein. Vieles was uns hier vertraut ist, gibt es dort gar nicht mehr oder es hat keine Bedeutung mehr.

Vieles aber, was wir uns gar nicht vorstellen können, wird uns dort wichtig sein und unser ganzes Leben ausmachen. Es ist im wahrsten Sinne des Wortes eine ganz neue Welt. Dazu sind einige Schritte erforderlich, damit wir wirklich bereit sind, für diese neue Welt. **Der erste Schritt ist es, „zu Bewusstsein" zu kommen und uns nicht mehr mit der „Illusion des Ich" zu identifizieren, sondern unsere wahre Identität zu erkennen.** Sie will gelebt werden und nur wenn ich als der, der ich WIRKLICH bin, lebe, dann wird sich mein Leben auch erfüllen. Innerhalb dieser sich auflösenden „alten Welt" kann ich mir ganz bewusst meine eigene „neue Welt" schaffen, indem ich für meine Welt die volle Verantwortung übernehme. Die Prüfungsfrage ist mit unserem Seinsauftrag vorgegeben und in der Bibel wird er so formuliert: „Ihr sollt vollkommen SEIN, wie der Vater im Himmel vollkommen ist!"

JEDER ist aufgefordert, seine individuelle Transformation selbst in die Hand zu nehmen und zu vollenden. Wir brauchen uns nur zu er-innern, hervorzutreten und der zu SEIN, der wir sind. Wir können in das Meisterbewusstsein unserer Zukunft jederzeit bewusst eintreten und im JETZT in diesem Bewusstsein leben und handeln. **Wir sollten unsere Aufmerksamkeit bewusst von allem Unwesentlichen und Unvollkommenen abziehen und auf die natürliche Vollkommenheit des SEINS gerichtet zu HALTEN.** Es wird sich einstellen, dass das Urteilen ausbleibt und durch ein einfach Wahrnehmen, dessen was ist, ersetzt wird. Ich kann dem Leben ganz gezielte Anweisungen geben, indem ich nur bewusste Gedanken, Gefühle, Überzeugungen, Worte und Handlungen produziere. Nebenbei unterstütze ich mein Dasein mit geistigem Fasten und bereite mich für die Lichtnahrung vor. Ich werde spüren, WANN es soweit ist. Der wahre Meister zeigt sich im Alltag und zwar in JEDEM Augenblick. Wenn ich jeden Moment erfülle und keinen Unterschied mehr zwischen den Erfahrungen mache, dann lebe ich wahrlich meisterlich. Dann muss ich mir auch keine Sorgen um das machen, was da noch so kommen mag. Wenn ich einfach nur präsent und vollkommen anwesend bin, dann werde ich vom Vertrauen und von der einen Kraft getragen, die ich schlussendlich immer nur SELBER bin.

mit den besten Wünsche